U0521181

一粒硅原子的全球旅行

蔡南雄自传

蔡南雄 —— 著

天津出版传媒集团
天津人民出版社

图书在版编目（CIP）数据

一粒硅原子的全球旅行：蔡南雄自传 / 蔡南雄著. -- 天津：天津人民出版社, 2024.4
ISBN 978-7-201-20087-3

Ⅰ.①一… Ⅱ.①蔡… Ⅲ.①蔡南雄－自传 Ⅳ.①K826.11

中国国家版本馆CIP数据核字(2024)第018544号

一粒硅原子的全球旅行：蔡南雄自传
YILI GUIYUANZI DE QUANQIU LÜXING: CAI NANXIONG ZIZHUAN

出　　版	天津人民出版社
出 版 人	刘锦泉
地　　址	天津市和平区西康路35号康岳大厦
邮政编码	300051
邮购电话	（022）23332469
电子信箱	reader@tjrmcbs.com

责任编辑	李　羚
策划编辑	李姗姗　钱晓曦　沈　颖
装帧设计	卓义云天

制　　版	杭州真凯文化艺术有限公司
印　　刷	杭州钱江彩色印务有限公司
经　　销	新华书店
开　　本	787毫米×1092毫米　1/32
印　　张	11.125
字　　数	222千字
版次印次	2024年4月第1版　2024年4月第1次印刷
定　　价	72.00元

版权所有　侵权必究
图书如出现印装质量问题，请致电联系调换（0571-86535633）

目 录

推荐序 / 1
自序 / 5

第一章
从旅馆出发的人生旅途

天生注定的漂泊人生 / 2

父母与我 / 4

小时候的住家 / 10

人生的第一个"职业" / 12

第二章
滚石痕迹：求学记

台南故乡求学的小学、中学时期 / 16

外地就学时期（大学、研究所） / 23

结婚生子及留学 / 37

第三章
天涯屐痕：就业记

入职英特尔 / 68

入职仙童半导体公司 / 100

北美创业记 / 110

中国台湾创业及建厂 / 123

第四章
参与祖国大陆集成电路产业的崛起

投身大陆集成电路产业的缘由 / 165

"908工程"的演变 / 167

宏力半导体的岁月 / 174

对在华晶上华和宏力从业的反思 / 177

宁波中纬 / 180

我和中国汽车产业和高铁产业的缘分 / 182

参与成立长沙创芯 / 185

平潭之旅 / 204

叶落归根退休回台南 / 205

静极思动,再赴大陆 / 209

应邀到平潭当顾问 / 212

第五章
工作心得：我思故我在

集成电路失效分析和良率提升实务 / 221

浅谈企业绩效管理 / 230

从参与台湾内存产业发展的经验谈起 / 239

关于打造集成电路设备共享生产平台的建议 / 243

对中国特色社会主义市场经济中"中国特色"的一种体会 / 250

未来世界集成电路产业三大群体 / 254

论董明珠做集成电路 / 257

中国大陆应重回DRAM市场 / 261

中国的集成电路制造业三两谈 / 265

IDM还是晶圆代工，这是个问题 / 276

一个IC人浅谈工业4.0 / 282

我们有的是人才，只是没有人尽其才 / 288

对当前集成电路产业发展的若干看法 / 292

第六章 / 最后的回顾

世界集成电路产业的发展简史及现状 / 301

集成电路产业为什么重要 / 313

"加强资源回收"的想法作为总结 / 319

附录 / 凡走过必留下痕迹

一、我的成长——不同时期的大头照 / 325

二、中学时代生活点滴 / 326

三、家庭生活点滴 / 329

四、工作中的相关照片 / 333

五、退休后小记 / 334

六、旅游杂记 / 336

推荐序

这本书是一位从事集成电路制造业40年的蔡南雄博士的自传式书籍,讲述了他从出生、上学、留美读博,在美国硅谷开始工作、创业,之后到中国香港和台湾盖厂建线管理运营4英寸、6英寸、8英寸芯片生产线,最后到中国大陆管理运营多条6英寸线,并在其所建中国大陆第一座12英寸洁净厂房内投产运营8英寸线的故事。

蔡南雄博士大学在电机系就读,集成电路只是一门选修课,结果他的一生都与集成电路相伴。他在美国创业期间,曾到世界各国转移技术,也曾接收技术,这使他在集成电路制造领域整合工艺上得心应手。后来,他回到中国多次盖厂建线,并在企业投入运转后领导生产,掌握关键技术,全面管理运营。正因为拥有非常丰富的实战经验，又有扎实的理论基础，他不止一次地把一条芯片生产线扭亏为盈，也使新建生产线快速"爬坡"达到量产。

他在世界各地工作期间，不但能圆满完成任务，而且能书面总结经验，形成文字保留下来，因此现今到了晚年能够著书立说，撰写这本内容丰富的书籍。

蔡南雄与我相识于1991年的冬天，当时他在香港华智[①]主持4英寸线运营工作，经我清华大学同届学友介绍，到北京与我见面。我们第二次见面已是1997年5月底，我退休不久，随大陆半导体界代表团去台湾新竹参加两岸半导体学术研究与产业发展研讨会，当时他刚离开茂德科技的8英寸厂。交流会后，他率领台湾半导体界代表团来到大陆，我陪同代表团前往江苏无锡考察华晶上华半导体公司。此后，他来到大陆从事集成电路制造管理和盖厂建线工作。

蔡南雄博士在大陆的第一个项目是启动与华晶的谈判，后来他又参与香港上华半导体公司负责管理运营华晶"908工程"[②]的6英寸芯片生产线，改整合器件制造公司（integrated device manufacturer，IDM）模式为纯粹加工模式，开启了中

[①] 即下文提到的香港爱卡电子，全称香港爱卡亚洲有限公司，公司成立于1979年，1989年华智公司合并爱卡后，更名为香港华智。

[②] "908工程"和"909工程"的前一个"9"指在第九个五年计划期间完成，后面的数字是国务院立项顺序。这两个工程都是关于微电子和IC行业的。

国大陆的代工时代。第二个项目是到上海张江高科技园区负责上海宏力半导体制造有限公司的项目，建起了中国大陆第一座 12 英寸洁净厂房，投产了一条 8 英寸芯片生产线。第三个项目是到浙江宁波建成 6 英寸洁净厂房，接收台积电一厂设备和技术投入生产并达产。这三个项目均取得成功，在世纪交替的年代里为中国大陆集成电路制造业做出了重大贡献。

本书中，蔡南雄博士总结了几十年来在世界各地从事集成电路制造业的丰富经验，详细阐述了如何运用各种半导体工艺把一个设计电路制造成合格的芯片，如何管理一座集成电路制造工厂，以及如何使一家集成电路制造公司做到产销平衡并谋求其利益最大化，对中国如何在现今复杂的国际环境下谋求顺利发展、快速提升集成电路技术水平、提高电路内配率，提出了宝贵而中肯的建议。

本书适合有志从事集成电路制造业的年轻技术人员和企业管理者阅读，对各级政府部门和教育部门都有重要参考价值。

朱贻玮

教授级高级工程师

2023 年 2 月 11 日

自 序[①]

我本来并没想要写回忆录的,怕有沽名钓誉之嫌。但在2015年的某一天,一次偶然的机会,在与一位朋友的交流中,我有感而发,认为我国"必须倾全力"发展集成电路(IC)产业。先进地区集成电路产业按照摩尔定律一直在进步,而我们相关产业在质和量都落后的情况下,再邯郸学步般模仿这些领先地区的套路肯定不行,我们必须发挥自己特有的优势(人多、地大、经济发达、文化深远等)和战略才能有成,因此必须有主见地客观分析、学习。

改革开放不久,我国就在光伏产业、发光二极管(LED)

[①] 本书中,因为书写的时间、地点不同,元素名称"硅""矽"混用,它们同是Silicon。

产业和几乎所有传统产业领域成为"世界制造工厂",这一中国奇迹的产生和发展,靠的是"一窝蜂"式的热情、"遍地开花"的气魄——大力投入建工厂、招人搞生产、工作无高低贵贱之分。这使得事事有人做、人人有工做、人人有钱赚,最后,中国的产品嘉惠全人类。这样做,给我国的回报是成为世界第二大经济体、就业机会充足、社会安定、消灭贫困、全面实现小康、世界上最完整的供应链体系形成,等等。能取得这般成就的深层道理就是:边做边学,先做大、再做强!当然,会有人觉得,说"一窝蜂""遍地开花"太粗俗、太贬低自己了,我倒觉得"语糙意不糙",这样的说法非常贴切地反映了那段开疆辟土、从无到有、整个社会充满活力的时期。

曾经,我国在落后这么多、竞争者进步又那么快的情况下,勇于奋起直追。如今,我们可以发扬当年的拼搏精神,凝聚所有的技术世代于一时,从世界各地大批招聘、培养专业人才,广建各世代、各产业环节的集成电路工厂和企业,让这些工程师在产品开发和生产过程中,经历大量科技研发必需的试错磨炼和经验积累,如此这般,我国才能全面快速地弥补过去落下的功课,以"中国速度"踏踏实实地赶上先进地区集成电路产业的水准,这也有助于减少集成电路产业每年超过两三千亿美元的巨额贸易逆差。

我向朋友解释"一窝蜂""遍地开花"这两个现象时,感觉这些词可能略带贬义色彩,因为这体现了大众对某些有"钱"

途的产业疯狂投入的盲目现象,这个过程中往往存在一些急功近利的行为,进而导致半途而废或产能过剩、伪劣产品涌现、大量资源浪费等结果。但事实上,这些或许"反潮流""反常识"的战略,却是为了实现远大理想,是客观理性、实事求是地善用自己的独特优势去面对当下落后的劣势。为开创新产业愿意交学费、为赢去拼,是典型的中国特色,别人要学也不一定有这个能力。我过去为执行专业项目开拓创新,在有限资源的支撑下,屡次使用违背传统思维的险招化险为夷,这些经历影响了我,使我在客观分析各种现象的基础上,得到与众不同的看法,我不喜欢人云亦云,也不会随波逐流。

朋友听了我的经历之后脱口而出,建议我何不写成自传。我不假思索地表示无意如此做,因为这有自我膨胀之嫌。但后来,我拜读过谢志峰和陈大明两位先生合编、2018 年出版的《芯事:一本书读懂芯片产业发展史》,以及朱贻玮先生 2016 年所著的《集成电路产业 50 年回眸》,其中记载了全球及中国集成电路产业发展历程,再加上媒体对一些业界大佬个人创业经历的大量报道,我觉得,如果我这"一粒硅原子"也叙述一下自己的故事,或许能激发更多业界同行产生共鸣,并让对集成电路产业成长有兴趣的人,对产业有更多不同方面的了解。所以经过一番客观分析后,再基于下面几点缘由,我认为朋友的建议值得考虑:

一、写自传不见得是自我膨胀。只要自己心存客观,不自我美化修饰，诚实记载就行。自传是一个人一生所见、所闻、所思、所想、所作、所为的记录，有兴趣的读者可以看完，没兴趣的丢在一边不看便是。至于是不是沽名钓誉，自由心证，我只要如实陈述事实就行。

二、因循自己过去写旅行报告和出差报告的习惯。学生时代参加学校举办的旅游活动或工作时因公出差，都要对此行的目的和成果写一份总结报告，供以后参考。如今，我的人生旅途正迈向终点，是到书写总结报告的时候了。我想赶在万一"失智"以前，把这次"旅行"的见闻、思想、作为，如实地记录下来，以免遗忘。

三、记录我们"婴儿潮"这一特殊世代，一个典型的中国台湾南部孩子的成长历程。截至2022年，世界上有70多亿人口，他们出生时空不同，有不同的命运和思维，相互推动和影响着世界的演变，共同构建人类命运共同体。我的自传就记录了一个祖先由福建省移居台湾南部的人，在那个特殊年代的典型的成长历程。里面不同阶段的内容，意在说明当时大环境的一般性和我个人的特殊性，造成了我人生轨迹的变化。同样，世界上其他人也有各自独特的人生轨迹，如果每个人都写出他的自传，这庞大数据里一定包含着很多有意思的内容，可以分析提炼出很多有意义的事来！

决定要写，我便面临一个问题：要如何写？简单起见，我决定就自己记忆所及，把我的见闻、思想当中觉得有意思的事，依时间推移，平铺直叙地写下来。其中有个人出身的交代（第一章 从旅馆出发的人生旅途）；有断断续续用日记记录下来的人生流水账和印象深刻的趣闻逸事，其中主要为我求学的过程（第二章 滚石痕迹：求学记）；有海内外就业的过程（第三章 天涯屐痕：就业记）；还有我投身大陆集成电路产业的经历（第四章 参与祖国大陆集成电路产业的崛起）；以及我的工作心得（第五章 工作心得：我思故我在）。这些是我在工作期间、茶余饭后、退休后偶尔有感而发的一些想法，供自己日后回忆当时的心路历程，也供读者贬褒臧否，不过这部分内容分别在几年内写成，有一些重复的地方请读者谅解。在第六章"最后的回顾"里总结两点：首先是我经历集成电路产业这些年来的感想，同时也就我个人的视角，尝试回答一些社会上对集成电路这个产业常问的问题；其次是我作为一个材料学的专业人员，对于工程的根本——"材料"——特别珍惜，因此常常思考，有了"资源回收的想法"。是"材料"让土木、机械、电机、化工等工程设计变成有用的实体，否则，再好的设计都只是虚无缥缈的空中楼阁，没有用！

目前的内容记录从我出生到 72 岁退出职场为止，正好 1.2 个甲子。这段时间里，最初 6 年（退出职场前的 1/12）是孩童成长时期，接着有 24 年（退出职场前的 1/3）的在校学习时期，还有大约 42 年（退出职场前的 7/12）的就业时期。从时间比例来看，一个博士毕业生从工作到 72 岁退休前，有大概 42%

（5/12）的时间在接受养育和教育，然后有58%（7/12）的时间在为社会做贡献。从财务的角度来看，从出生到读大学的22年的费用主要由父母负担；从读研究生时开始逐渐自给自足；中途组建家庭后，就开始和人生伴侣两人自负盈亏，同时接过父母的棒，负责下一代前二十几年的生养任务。

| 第一章

从旅馆出发的人生旅途

> 我出生在一个非常特殊的年代：一场世界大战造成的毁灭性破坏刚刚结束，而人类使用材料做工具的文明，刚由"铁器"文明进步到新的"硅器"文明！前者伴随的建设过程促使了我的成长，后者建设新文明的潮流吸引我积极参与，顺流而行并留下痕迹。

··天生注定的漂泊人生

1947年7月9日初夏的傍晚，天气闷热。台南市火车站前一家名叫四春园的旅馆里，一位刚刚随她丈夫从北部的苗栗调到台南工作的妇人，挺着大肚子正在吃冰消暑，忽然觉得肚子疼！根据过去多次积累的经验，她知道自己可能要生了，急忙找来约好的"产婆"帮忙。果然，没有经过多少折腾，我就很乖地来到人间，是当时家中第四个孩子。因为当时我们刚刚搬到台南，父亲希望我能成为台南的英雄，故取名南雄（可惜我辜负了他的愿望），又因为出生时脸和眼睛都是圆滚滚的，故小名阿圆。

巧的是这年末，世界上第一个晶体管诞生——美国的约翰·巴顿（John Bardeen）、沃特·布拉顿（Walter Brattain）和威廉·肖克利（William Schockley）在贝尔实验室成功制造出第一个晶体管，开启了人类以半导体材料为主的"硅器"文明。三人也因为发明点接触晶体管于1956年获得诺贝尔物理学奖。

我出生在旅馆，冥冥之中注定我日后不像其他五个兄弟姐妹一样，他们大部分时间都能一直在故乡台南完成学业和工作，最多只到台湾北部读书，生活很稳定。我则相反，19岁以后就像滚动的石头一样居无定所，住过很多地方，还常常因为出差，以旅馆为家。我去的地方大多不是去旅游，而是求学或工作，因此所到之处都待了几个月甚至几年。在过去超过半个世纪的岁月中，除了故乡台南，住得比较久、总时间合起来超过半年的城市，依时间顺序有：中国台湾的台北、新竹，美国加州的帕洛阿托（Palo Alto）、森尼韦尔（Sunnyvale）、费利蒙（Fremont）、库比蒂诺（Cupertino），日本的松本、福山、京都、奈良，韩国的利川，以及中国香港、深圳、无锡、上海、宁波、东营、长沙、平潭。因为住得比较久，假日有时去附近走走，我对当地的风土人情比走马看花的旅行团有更深入的了解。但在异乡漂泊这么多年,我退休回台南后,因为变化太大,对故乡反而有一种陌生的感觉!

回顾我这一生的漂泊,我发现,大致上是顺着世界上集成电路产业发展的风口浪尖而动:由美国、日本、亚洲"四小龙",最后到祖国大陆总其成,我差不多都是在集成电路产业在当地要快速崛起时前往的!

··父母与我

上小学之前孩童时期的情况,我没有太多的记忆了。唯一印象深刻的是:我曾坐在床上,母亲将她嚼碎的花生喂给我吃,就像母鸟喂小鸟一样。我一直记得当时自己咀嚼花生碎粒时尝到的香味,高兴得手舞足蹈!这大概是我后来很喜欢吃花生的原因。

在台南读小学和中学时,母亲每天很早就要起来准备一家八口人的早餐。她在厨房忙的时候,我也起来在旁边的餐桌上预习当天要学的功课,母子俩在60度烛光电灯发出的黄色、柔和、略微昏暗的灯光下各忙各的,有时我也会向母亲讲述一些学校发生的趣闻。这中间,母亲会把刚煮好的热腾腾的早餐先盛给我吃。这样,等大家都起来吃早餐时,我差不多已经吃完,慢慢准备出门走路去上学了。

我家人口众多,父母之外,兄弟姐妹一共六人。我上面有两个哥哥和一个姐姐,下面有一个妹妹和一个弟弟,食指浩繁。小时候正是20世纪40年代末50年代初,社会比较贫穷,很多家庭都兼营副业赚钱贴补家用。母亲很勤劳,曾经跟风种过木耳,养过兰花,也养过宠物鸟,像鹦鹉、十姐妹(白腰文鸟的俗称)等;她还常常参与当时在台湾很盛行的民间互助经济活动——搭会。这是当时民间一种很普遍的筹资办法,一些亲朋好友把家里暂时用不上的闲钱集中起来,给急需钱用的人提供便利,这样用钱人就不必去银行贷款(当时个人如果没有公司行号,很难向银行贷到钱)。搭会的利息一般比银行高。这样东拼西凑,加上父亲的薪资,我小时候生活虽然不是很富裕,但也不曾为学费或生活费伤过脑筋。

高一暑假那年,父亲因心脏病突发去世,母亲靠着当时我们家房子空地比较大,又位于台南一中(现台南第一高级中学)隔壁的地理优势,盖了一些简易宿舍租给从外地来上学的学生。靠房租和大哥、大姐上班的收入,我们其他四个孩子顺利完成了学业。母亲真是含辛茹苦!

母亲早年曾随父亲回福建泉州的故乡行医,后来抗日战争爆发,在福建的台湾人都集中到那时还很荒凉的武夷山下的崇安(现在的武夷山市)垦荒。母亲不适应那里冬天的湿寒，除了落下终身的脚疾，还多次流产。因此，我家众多的兄弟姐妹中，没有一个是父母在福建的十几年中出生的。母亲早年笃信佛教，家里除了设敬祖先的牌位，母亲还设有佛堂，早晚诵经礼佛，为子孙祈福，也依佛经教义，教我们为善做人。母亲心境平和，为人慈祥，得享近百岁长寿。

到武夷山后，父亲继续在福建建阳的台湾医院行医，也曾经到浙江金华参加创立台湾医院。几年后，由于抗战形势紧迫，当时的国民政府就在这些台湾人中选拔人才到重庆受训，参加抗战，父亲也是其中一员。受训回来后，他参加台湾义勇军参与抗战，大哥大姐也参加了义勇军的少年团，到处宣传抗战。

父亲对我们身教多于言传，潜移默化多于明令禁止。他不陪孩子做功课，对孩子几乎是放养的状态，不过有空时常常带我们到名胜古迹游玩，像台南的关子岭、南投的日月潭、高雄的春秋阁；或是带我们回故乡嘉义县的布袋港亲戚家，晚上捕捞虱目鱼煮米粉汤吃。虱目鱼是台湾南部的特产鱼类，在嘉义和台南海边很早就有渔民养殖，虽然鱼刺很多，但是肉质口味极佳，我特别喜欢吃。

我对父亲印象最深刻的是每天晚餐时，他喜欢一边喝酒吃饭，一边或讲笑话引起大家哈哈大笑，或讲历史故事、臧否人物，但是不曾对我们的为人处世进行说教，而是让我们自己去体会。这样，我们不但没有压力，反倒很快乐，天天

第一章　从旅馆出发的人生旅途

小学时与父母同游高雄左营风景区春秋阁

盼望父亲回来一起吃晚餐。等我们稍微大一点、大概七八岁时，他也会让我们陪他喝一点。这大概是我们家的孩子都多少能喝一点酒的原因，从小就习惯了（不过这只能在一些不擅长喝酒的亲朋好友面前说说，在一些"喝酒专业户"面前，我那一点业余级别的能耐是谈不上酒量的，我也曾几度酒醉出丑过）。饭后小憩，父亲有时会让我和大我一岁的二哥在榻榻米上摔柔道，练习身体的灵活度，后来我也真的跟大哥同学的弟弟学了一段时间的柔道。

父亲和当时台湾的"文化人"一样，会作五言或七言古诗，有空时喜欢自创诗篇，用闽南话（听说是晋唐古音）吟唱一番。我常常看见他坐在书桌边，抽着烟，嚼着槟榔，喝着茶，推敲诗句，不时改写一下，再试吟一番，看有没有觅得满意的佳句。他还经常参加诗社聚会比赛，以诗会友。我当时虽然不懂其意境，但是觉得"很好听"，可惜这不在当时大专联考范围内，所以我就没有跟父亲学作古诗。

我没有学习作古诗，但看见父亲夹着香烟、吞云吐雾间吟出诗句的样子很是投入、浪漫，倒想先学抽烟。我在小学三年级时就曾经偷拿父亲放在抽屉里的烟抽，结果被呛得一塌糊涂，从此放弃尝试，一直到后来去外地读大学及工作时才偶尔抽抽，没有到上瘾非抽不可的地步。

父亲对我的管教可以说是散养型的，因为我有大我十几岁的大哥和大姐可以请教。我记得父亲只有两次过问我的学习,但都使我印象深刻。一次是我小学时,有一回考试没有考好,成绩退步很多,回家不敢讲,想到时候再跟大哥商量帮忙代签家长的签字。但是不知怎么的,那天晚餐时父亲忽然问我学校发成绩单了没有。我说没有,想逃避责备。等到吃过饭后,他叫我把书包拿给他。他把书包打开,在全家众目睽睽之下拿出我的成绩单,看了一下,签了字后,放回书包还给了我。我虽然当时心里做好了挨骂的准备,但是他一句话也没有说就走了,使我感到无地自容!

另外一次是我小学毕业要考初中前的一个周末,平常很少过问我学习的父亲,从家里带着我和他一起,慢慢步行到离家大概30分钟路程的位于市区的办公室。这是我记忆中唯一一次与父亲单独出行。在那里,父亲拿出一份他收集的当地报纸请专家模拟初中各科入学考试的考题,让我自己做做看。他在旁边看报纸等我,我做完了才一起出去,到小吃街去吃了一些我们都喜欢的小吃后才回家。

这两次经历,让我深深感受到父亲对我的关爱和教育是那么细腻,对比我自己后来教育自己孩子的急躁、没有耐心甚至粗暴的行为,我感到很是羞愧。可惜父亲因心脏病突发,过世太早!我不再有机会从父亲那里学习作古诗和更多为人处世的道理。我一直很怀念父亲!

··小时候的住家

我小时候住在当时的台南市东区的四维街39号（之后一度改为四维街2号，现在改称民族路2号），是日本殖民时代台南二中（光复后改为台南一中，地址是四维街40号）[①]的校长宿舍，台湾光复后由台南救济院接收，但土地产权仍属于台南一中。父亲由苗栗调到台南时，台南救济院建议我父亲承担修复因为战争受到破坏的房子的费用，然后无偿、无产权让我们居住。我们一直在这房子里住到我和二哥及弟弟离家到台湾北部求学后不久，台南一中收回房子为止，大概有20年。这房子里有我很多的记忆。

房子门口出去左转上坡大概30米，就是台南一中学校的正门。四维街道的路两旁都是高大茂密的凤凰树，每到夏天，整条街的树上长满了红色的凤凰花，非常好看。凤凰花是台南市的市花，很多街道两旁种满凤凰树，微风一吹，落下一地红花，好像铺了一层红地毯！蝉在树上鸣叫，是地处热带

[①] 一般而言，日据时代"一中""一女中"校名的学校，以日本人或权贵台湾人就读为主；"二中""二女中"以台湾人就读为主。

的台南特别的场景！因为这场景太诗情画意了，有人在文章中描写到这段时间时，写下"又到蝉鸣竞奏，凤凰花开的时候……"这样声色俱全、非常形象的句子！这时也正是各级学校暑假开始和毕业班升学考试的时候，因此很多学生写作文时竞相引用这段话，千篇一律，让老师啼笑皆非。

　　房子占地约1000平方米，其中居住用的一层平房300平方米，其余700平方米的空地上，除了小部分道路和一个小鱼池，还种了很多植物，有大榕树、大芒果树、大龙眼树，几棵柠檬、木瓜、桑葚，一小片竹林，以及各种花草灌木等。偶尔，家人也会从他处移一些自己喜欢的蔬菜来种。母亲也曾经利用空地养兰花、木耳、宠物鸟等，卖了贴补家用。这里更是我下课后经常玩耍、爬树、随季节采不同水果吃的乐园。记得夏天木瓜成熟时，树上一大丛木瓜，一个接着一个熟透。我每天下课回家，就赶快到树下摘那颗最熟的"树上黄"当场享受，好吃极了！大榕树下的阴影更是炎热的夏天里午睡的好处所。除此之外，花园围墙外有一片茂密的林投灌木丛，听说是早期台湾拓垦时的民间悲剧故事"林投姐"的背景地。我们都不敢靠近那个地方，尤其是天暗了之后，怕披头散发的"林投姐"出来向我们哭诉她的怨情！

　　台南老家充满了我童年美好的记忆！

··人生的第一个"职业"

小时候，因为那时台湾刚光复，战争的破坏还没有恢复，民生凋敝，物资缺乏，大家都非常节省，用过的物资一再回收作为材料再加工使用，因此有些人走街串巷，收集破铜烂铁、旧书报杂志、空罐头或玻璃瓶等可再生利用的废弃物，卖给回收工厂，赚钱维生。广为流传的台湾歌曲《酒干（酒瓶）倘（可以）卖无》的电影故事，讲述的就是一位残障养父靠收卖破铜烂铁抚养一个女弃婴长大成才的故事。在我家，因为其他人对这些废弃物都没有兴趣，我很乐意地担任了废弃物的总收集人，东西转卖后我的零用钱就有了。资源回收就这样成了我人生第一个靠自己劳力赚钱的职业，也养成了我对物质的好奇和珍惜的习惯。

后来在当时的华智（香港）有限公司任职时，为有效整顿库房，我主持卖掉了很多多年不用的库存品（即公司的废弃物），腾出很多空间，也换得不少现金，就是这个童年经验的延伸。现在人们使用资源更多，处理废弃资源的格局更大，可以回收的有用资源量更是巨大。这是很有意义的产业，但是处理过程中可能会造成环境污染,所以政府不再鼓励。看亚洲一些发展中国家和地区以前牺牲环境替先进国家处理废弃物资回收有用材料,比如过去高雄的拆船业,以及其他地方的废五金回收业,都是这样的。这些地方经济情况改善以后,普遍不再这样做了,除了民族自尊心使然,主要还是环保意识提升了的缘故。

事实上,曾经有分析说从废弃物中提炼出有用物资的比例,比从自然界原始矿产中提炼的比例还高,成本还低。只是废弃物的再生过程中会产生对环境的二次污染,令人难以接受。因此,未来只要科技能进步到解决二次污染问题,废弃物回收循环再利用,既比开矿提炼经济,又能解决废弃物堆积问题,一定会变成一个常青产业!记得大哥在台湾成功大学土木工程学系任教时,首创将大量废弃轮胎经过必要的处理后加到沥青中,用来铺柏油公路,大量减少原材料的使用,就是一个很好的例子。

由这个例子思考,我想过处理大量的各种塑料废弃物的办法。塑料用量很大又不容易降解,无法用简单的掩埋降解的方法处理,燃烧虽然容易,但是会产生有毒气体,严重污染空气。据说太平洋中有一个面积好几平方千米的漂浮的塑料袋岛,是人类历年来丢弃的废弃物的积累!对这类有机的塑料废弃物,我认为可以这样处理:把这些塑料废弃物收集起来,用海水(易得、量大)或合适的清洁方法清洗后,放到形状适当且坚固的容器中，高温熔解、加压成紧密的各种形状，做成规格要求不高的工具、容器、填充物及建材，如填海造陆的材料、防波堤材料、挡土墙材料、填洼地的材料、农业温室、工程用绳子，等等。其不容易降解、量又很大，用途一定很多，过程并不见得必然会产生污染。

我还记得很久以前在台湾中山高速公路中坜附近，有一座不断"成长"的垃圾山，开车经过时臭气熏天。后来，我看见有人在上面不断堆上工地挖出来的废弃泥土，盖住了整座垃圾山。再后来，山上开始长满了草，不久又有人种了很多树。就这样，不到几年的时间里，一整座山的垃圾、弃土都处理掉了，化成一座绿油油的小山。

| 第二章

滚石痕迹：求学记

> 我的求学过程和当时台湾同龄人一样：小学六年（当时很少有小孩上幼儿园）、初中三年、高中三年、大学本科一般四年（或专科学校二到三年）、硕士两年、博士一般四年。要得到最高的博士学位，连续的学习时间总共大约22年。当时，除了小学六年是义务教育，不必参加入学考试，初中、高中、大学、硕士、博士，都需要经过考试甄选。到读完高中的12年，我一直在故乡台南，开始读大学后有7年在台北、2年在新竹，留学时已经28岁，结婚生子了。

··台南故乡求学的小学、中学时期

我在台南求学的12年中，小学读的是在我家附近胜利路上的台南市东区胜利小学（1954—1960年），初中、高中读的都是我家隔壁的台南第一中学。我们是义务教育由6年延长到9年的前一届学生,因此每个县市小学的毕业生进初中还要参加县市联考。隔年,台南一中就没有初中部了,只收高中生,当然也取消了初中联考,只有高中联考了。在这12年中,我有很多难忘的回忆。

小学时学讲普通话

小学时,学校有一项规定,就是讲普通话。日本占领时期,台湾官方语言是日文,民间则有各种方言,包括闽南话、客家话和各种少数民族方言,对话者之间哪种语言方便就用哪种。光复后,台湾当局规定普通话为官方语言,中文为官方文字,大家都要学,在全台湾推行讲普通话。尤其在学校,自小学起教ㄅㄆㄇㄈ等注音符号和普通话发音,并且规定在学校一定要讲普通话,否则要罚五毛钱新台币——差不多是当时普通家庭小学生半个星期的零用钱,记得当时一支冰棍也就一毛钱!这一规定让后来台湾人在两岸开放交流时方便许多。

有趣的是后来在台北读书时,我发现台湾南部的同学,即台湾中部浊水溪以南的人,一开口讲普通话,马上会被台北人听出来是南部来的,甚至可以分辨出来自哪一县市。因为我们讲的普通话带有台湾南部口音,不够标准。这大概是因为台湾北部是大部分行政机构所在地，外地人多，学校的老师主要也是外地人，教的发音比较标准；南部学校外地老师少，主要是光复后刚刚学会普通话的本地老师，教的发音掺杂本地口音，加上学生回到家里主要讲方言，结果自然是普通话和方言互相影响口音。

注定只能吃数理化学的饭

我喜欢运动，小学五年级时曾经入选为棒球校队的候选选手，但是级任导师（班主任）怕影响我考录第一志愿的台南一中，因此不同意我参加甄选，我只好放弃。这让我很失望，因为我不能成为代表学校的运动队伍中的一员，特别是胜利国小当时是台南市的棒球强队，常拿全台南市冠军！这个获得代表学校级别荣誉的梦想，我一直到高中时成为学校拔河队的一员，才如愿以偿。我们这支拔河队伍曾经以技术击败当时台南市平均体重最重、实力最强的台南二中队，获得台南市高中组冠军。对于在体育方面乏善可陈的我而言，这一点小小成就——凭借体重优势入选校队三十几人中的一员并得到全市冠军——足以让我偶尔拿出来自我陶醉、吹嘘一番了！

我艺术细胞匮乏，在各学科的学习方面，数理化及语文还不错，但是术科方面我除了体育课还行，音乐、美术、劳作就很没有天赋。我天生音感很差，大概是所谓的"音痴"级别，因此学习语言的发音和音乐演唱的能力不佳。具体表现在几个事件上：小学时，我代表班级参加全校语文注音比赛，结果在100分满分中我只得到50分，其他参赛同学都在80分以上。这也使我初中考高中时，语文的作文、填空、造句等项都很不错，唯独占10分的注音题只拿到了5分。结果成绩公布，我差点因为一分之差没有考上第一志愿的台南一中。

这个缺点也影响了我对音乐演唱的信心。以前的音乐课考试，都是老师弹钢琴，学生要站在前面唱他（她）弹的事先指定的歌曲。小学时的音乐女老师很漂亮，眼睛很黑很大，每次我唱得荒腔走板时，她都微微抬起头来，用那又黑又大的眼睛，朝我微笑着投来一种既同情又好笑的目光，我上台前练习得好好的，这下子又全走音了！高中的男音乐老师则在我还没唱完时就受不了了，抬起头来对我微笑着摇头说："蔡南雄，你可以下去了！"全班五十几号同学，就我有这种待遇——不用全部唱完一首歌——其他同学都能"曲终人才散"！

这些情况虽然严重打击了我这数理化优等生的音乐信心，不过没有摧毁我对唱歌的喜好，曾有懂音乐的朋友说我虽然唱得荒腔走板，但是很好地诠释了歌词的感情，我奉他为知音。只是每次大伙唱卡拉OK推来推去时，我拿过麦克风来一唱完，大家就开始抢麦克风，生怕再被我抢去摧残他们的耳膜！我非常佩服专业老师的耳聪目明。高中时，一次全校班级合唱比赛，规定班上每个同学都要上台。班上负责指挥的同学知道我唱不准节拍和音的高低，就建议我只要随歌词张开嘴，不要出声音（我后来才知道这叫"假唱"，曾被某些专业的歌星在舞台上采用过）。我照做了，结果成绩公布，我们班最后一名！老师说：主要是因为你们有一个同学没有出声音！

我在高中时的美术课上同样出过一次洋相。上美术课自由创作时，因为我一直画不好，就偷偷地拜托一位美术能力很强的同学帮我画，特别叮嘱他不要画得太好，比我自己画得好一点就可以了。结果交上去后，老师一眼就看出来不是我画的，并且正确地指出谁是枪手，真是知徒莫若师！

这两件闹笑话的经历使我以后不敢弄虚作假，也确定自己成不了音乐家、画家，我没有这两个天赋，反而是数理化为我开了一扇窗！

下课后参加补习班学习

那个时代台湾的大学联考因为学校还不多，很难考。很多同学课外都参加补习班，我也不例外。不过我去补习英文和数学，主要是因为参加的同学回来天天吹，说那里有一位很漂亮的台南女中的学员。我好奇之下，决定去一探究竟，结果学员太多，没有看清楚，而且补习的地方比较远，所以我去了两次就因为负担不起太多补习费用和时间冲突，不再去了。

学生课余参加补习班，加强学习，依我亲身经验，对大部分的同学是有用的（当然对于天赋异禀的同学是没有必要的），也可以有机会和不同学校的同学交流。另外，这对已经毕业但联考结果不理想而复读的学生有很大帮助，因为有些同学开窍晚一点，同样的功课再重复一遍，结果可能茅塞顿开。补习后重考，很多复读生考上了自己理想的大学。

我1965年高中毕业时，大学分三个类组：甲组是理工科，乙组是文法科，丙组是医科、农科和生物科。各大学三个类组的一些科系，依照本系内各主要中学毕业的学生人数比例，提供给该中学一定名额的免试保送人数——入选者不必参加大学联考，可直接进该科系就读。各中学再依照考生向往的大学和科系的顺序，根据所有学生三年学习总成绩的名次，将免试保送名额提供给学生。学生可以选择排在比较后面的大学科系，但不能要求往前提。我以三年总成绩在全校800多名应届毕业生中名列第五的名次，获得保送台湾大学电机系的资格，这是除了丙组台湾大学医学系（保留给全校前三名）和物理系（一名）以外的首选。

机缘巧合选读电机系

我选读电机系有一个小插曲。在填写保送选系志愿申请表时，依照我自己的兴趣，本来填的是台湾大学气象系。但我填好表出门要拿去学校交时，正好碰到大哥，他问我报了哪个系。当他知道我报气象系时，就以过来人的经验，建议我不要放弃报当时第一志愿的电机系的机会，进去以后，即使因为兴趣不合要转到气象系也不会有太大问题；但是如果现在进气象系，以后要转其他系尤其是电机系，就很困难了。于是我听从他的建议，把志愿改回了电机系。进入大学以后，我读得还算顺利，跟同学相处也很愉快，就没有转到气象系。因此，我有机会接触到电机系的新专业——集成电路科学，它就成了我一生安身立命、赖以为生的专业了。这一年是1965年，是我接受专业教育的开始，也是戈登·摩尔（Gordon Moore）提出引导集成电路产业快速进步的摩尔定律的那一年。

我人生的轨迹就因为那天偶然碰到大哥，以及他的一个建议而改变了。如果错过那次的偶然相遇，我的一生可能就大不相同了！这使我第一次猛然开始思索人生和世界的演变：这样的宇宙、这样的我，应该也是很多偶然造成的吧！

第二章　滚石痕迹：求学记

··外地就学时期（大学、研究所）

1965年7月初，我到台大报到，开始了我50年离乡背井的漂泊人生。这年我刚满18岁。

那时候规定刚考上大学的学生到学校报到前，要到学校集合，一起到台中成功岭接受三个月的军事训练。那天在操场集合等待出发前，我和旁边的一个同学聊天，互相报上姓名，他成为我上大学认识的第一个同班同学。

上大学的第一年，我住在台北市近郊台北县永和市的一位世伯家，每天骑脚踏车经过福和桥，到罗斯福路上的台大上课。第二年因为不方便，就搬到学校附近舟山路台大农学院实习农场边的第七宿舍住。每间宿舍摆着四套有上下铺的双人床，可住8个学生。不过我们这房间只住了5个。其中3个年纪比较大，是大陆来台湾的学生。这宿舍的建筑虽然相当老旧，地板已经"吱吱"作响，但是因为在农场附近，居住环境很有田园风格。我早上起来，常常在田埂间朗诵德文（那时德文是电机系大二必修的第二外语）。另外还令我印象深刻的是冬天天气寒冷时，有一位退伍老兵在宿舍旁边摆了一个面摊，我常一个人或和同学一起下去，在昏暗的灯光下，点碗阳春面、一碟小菜，加上一杯乌梅酒驱寒。夜深人静，灯光昏黄，很有情调。到大三时我才搬到在校园里的第一宿舍，就没有外面的摊贩了。

台大、台湾交大①求学记

台大电机系是当时甲组理工科学生的第一志愿，因为很容易申请到去外国留学见世面的机会（有"来来来，来台大，去去去，去美国"的说法）。在美国，有很多台大电机系的学长和同学，就像现在的清华北大毕业生有很多在海外一样。历届能考上电机系的学生数量，都不到几十万考生中的千分之一，个个在高中时都是班上的学霸。我入学后发现，果真是"天外有天，人外有人"。很多同学的天赋很高，思考问题的方式和眼界有很多值得自己学习的地方，这与后来到美国留学时的感触类似。因此虽然学习的压力很大，但也其乐融融，不知不觉中，感觉自己进步不少。

在20世纪60年代末期，台大才有电脑，当时的型号是IBM 360。学校开了很多电脑程序班，电机系在大四下学期也开了这门选修课，我就选了。当时上完一节课后，我们就要用所学知

---

① 即台湾交通大学，位于新竹市。2020年2月1日，台湾交通大学与台湾阳明大学正式合并为台湾阳明交通大学。——编者注

第二章 滚石痕迹：求学记

识写一个电脑程序，解决教授布置的一个习题。当时跑程序还是打卡片的时代，因为学校没有那么多打卡机，所以只能由几位经过训练的打卡员代打。但是选课的人太多，打卡员太忙了，就规定每个人每份作业只可以改三次，如果三次没做对就无法再改，那份作业也就没有分数了。我就是这样经过几次挫折以后，不得不退掉了电脑程序这一选修课。在台湾交通大学读研究生时，我又专注于半导体物理学，没有再选电脑程序课，因此到美国留学的1974年以前，我对电脑程序的基本课程是没有经过系统学习的，这才有后来做博士论文时的一段插曲。

20世纪60年代大部分人还没有个人电脑，但因为使用电脑可以大大提高运算和决策效率，学校、社会开了很多培训班，教写电脑程序。很多先知先觉的人争先恐后地学习，学会后得到结业证书，很容易找工作，工资很高。我算是后知后觉，入宝山空手而回，学校有免费教学，我竟没有学！

在台湾交通大学读研究生时，我住的是旧光复校区的研究生宿舍，两人一间，条件比台大宿舍好太多了。楼下会客室有一乒乓球桌，"生意兴隆"，全天至少80%的时间里都有人在捉对厮杀。在这样的环境下，我也不时和不同球路的同学切磋，集各家之长，球技有所长进。后来到美国斯坦福大学读书时，我还能和各地来的同学一决胜负，更在加勒比游轮（Caribbean Cruise）旅游途中，与船上欧美人、印度人的比赛中赢得亚军。

台湾工业技术研究院电子研究所初成立

我从台湾交大毕业去服兵役的那一年是1971年，台湾为发展电子产业特别是集成电路产业，在工业技术研究院里成立电子研究所，由顾光复先生负责筹备。

当时项目刚刚开始，需要建立很多典章制度，以利业务推行，电子所初期的很多典章制度都是顾光复先生建立起来的。联华电子成立时，由我的老师杜俊元博士担任董事长，后来杜博士因故离职，改由张忠谋博士担任董事长，直到台积电成立，张博士去担任台积电董事长。此后，这两家同样由电子研究所支持成立、先后相差六年左右的集成电路企业展开激烈竞争，无形之中刺激了整个台湾社会对所有相关产业的关注和投入，使这只有2300万人口的台湾地区，在世界最关键的制造业之一——集成电路产业——的设计、晶圆代工、测试、封装、硅材料等方面，有了一席之地！

服兵役对青年的成长很有意义

我上学时，台湾地区每个年满18周岁的健康男青年都要服义务兵役。如果没有考上大学或专科学校，就需要去当两三年充员兵。若从大学本科或更高的学位毕业，基本上以少尉军衔服役，若专科毕业，则以士官军衔服役一年或两年。

上大学的那一年，所有男同学都要先到台中的成功岭接受三个月军事训练，才回学校报到上课。大一时，每周还要上两小时的军训课，到大三结束后再分配到与所学对口的各军事学校接受分科的专业训练，为毕业后服预备军官役做准备。我被分配到位于桃园中坜山子顶的兵工学校受三个月的兵工科技训练。所以我1971年从台湾交通大学硕士毕业后，被分配到台北近郊松山的61兵工厂担任少尉弹药技术官，服役一年。这个工厂过去建在福建的福州，所以当时很多员工来自福州，常听他们讲福州话。在那里，我和一些建制的员工住在工厂的宿舍，每天乘工厂交通车上下班，这比起下野战部队去金门、马祖、澎湖等地轻松多了，甚至我下班后还可以在外面兼职当家庭教师，赚一些零用钱养家。我入伍后不久就结婚，开始有家庭负担了。

依我自己亲身的体验，我认为当时台湾地区每个成年男子都要服兵役的制度是非常不错的。这至少让一个男人在正式进入社会就业工作之前有一段缓冲期，一方面，学习与别人——包括上司、同僚、下属——的相处之道，以后进入社会比较容易衔接；另一方面，可以学到新的专业经验，对以后就业很有帮助。下面是我自己获得的两个很有意义的经验：第一次学以致用，以及第一次实际接触和应用"资产管理学"。

第一次学以致用

我服兵役时的一项任务是负责检验炸弹弹壳的品质,为这事,工厂特地进口了一台涡流金属检测仪。这台检测仪使用前,必须用炮弹实物检查验证合格有效,才可以在生产线上使用。因为是新生事物,领导认为我的学历最高,就指派我负责这项验证任务。我知道生产弹药的兵工厂有时会发生意外,但是如果充分了解其理论原理和操作步骤的关系,小心操作,是不会有危险的。

这个任务是我第一次学以致用的任务,因此我非常慎重。我详细阅读说明书,分析炸弹的结构和引发爆炸的原理,再参考检测仪的设计原理和操作细节,之后独自到防爆室去做验收认证,终于安全完成任务,实现了我生平专业工作的第一次"学以致用"。

这个设备的工作原理,是要检查炮弹弹壳的金属材料体经过高压冲床冲压成形后,是否产生裂缝。如果有,材料在设备产生的磁力圈中通过时,就会产生不正常的涡流,移动速度越快,弹壳体的涡流就越大。弹体材料组织如果密实均匀,没有裂缝,就没有涡流。验收实验前,我最担心的是这涡流是不是有可能正好点燃引信、造成爆炸。事实证明,只要操作正确就没有问题,是安全的。

第一次实际接触和应用"资产管理学"

在服役中期,我正好碰上军工厂的"资产重估"。我们部门负责重新盘点全工厂所有资产这一任务的是一位中校军官(很惭愧,忘了他的尊姓大名),我充当他的助手,天天跟随他走遍全厂各个角落,并对照账册上原来记载的项目,核实确保账册和实物完全一致。账册上有而厂里没有的要查明下落,账册上没有而工厂里有的要查明来源,补在账册上。东西无论大小贵贱、年代新旧、存在位置,都要核查对账,并且重估其当下的价值。每天,我要把看过资产的种类名称、数量、金额及所在地点登记下来,交给同组的会计人员整理统计入账。那时还没有电脑,都是会计人员打算盘计算,账有不对,就要反复重新计算核实,非常烦琐缓慢,前后花了好几个月的工夫才完成。过程中,我非常敬佩带领我的中校领导的敬业精神和专业知识。他不厌其烦地给我这初出茅庐的工程师巨细靡遗的指导,树立了很好的专业榜样,让我受用无穷。

这些经验让我这个在学校主要学习理论的学生,知道还需要有应用的概念:如何把虚幻的科学理论转变成实用的产品,价格上还要让使用者能承担得起。生产工厂要能顺利量产出产品,需要种类繁多的物料、设备、工具、仪器、备品等同时具备,且品质到位。我服兵役时学到的经验,对后来管理生产工厂有很大帮助：我必须随时知道公司所有的资产存在哪里，其数量和价值的增减情况，也必须特别注意有哪些资产已经多年不用，只占库房空间，使公司看起来好像资产很多。要看一个公司的价值，就要真正深入了解其资产的存在情况和价值，否则有些企业看似资产充沛，却只是"虚胖"，有很多资产已经无法生财，没有价值了。我因此非常重视经营企业时资产购置安排的精准充足（lean and mean）——既要足够，要用时马上就有；又不会过多，挤压现金流。

后来我到中国香港负责子公司爱卡电子，管理仓库的员工曾经说空间不够用，需要扩建。我就利用服兵役时的经验，到现场考察分析，很快发现公司有很多从十几年前开办以来积累到现在、没有领用过的"死"资产，这些资产占据了宝贵空间；我也发现有些资产由于摆置凌乱不容易寻找，结果一买再买。经过重新布置登记，清出死资产——可以卖的卖，卖不掉的由废品处理公司处理掉——竟然腾出一大半空间来，仓库不用扩建了，更换得不少宝贵的现金。我同时要求采购部门负责协调并确定物料使用部门的使用速度、采购过程物流的时间，并准确预测市场价格和供应的变动情况，确定合理的安全库存：不可要用时没有，也不可长期闲置没有人用。这使整个生产流程不但顺畅，而且不会积压太多资金。

后来，我停止并处理了长期亏损的替IBM代工的封装业务，变卖相关资产给在广州新成立的封装公司，一共筹得30多万美元，用来购买影响前段产能的"卡脖子"机台，增加产能和技术能力。结果，我没有用台湾母公司一分钱，把这个原来一个月亏30多万美元的香港4英寸芯片生产工厂，经过三个月整顿，改造成一个月赚近30万美元的工厂，多年来公司第一次给员工发奖金。这都归功于服兵役时的学习机会和中校的指导。

初识半导体及材料科学

我是1965年入学台湾大学电机系的，我们是最后一届大三必修的电子学仍以真空管电路为主的年级，下一届的1966年级就开始以半导体集成电路为主了。因此，我们在正式的必修课里并没有半导体电子学。

幸运的是，在我们大四时，后来在高雄创办华泰电子（集成电路封装厂）的杜俊元博士从美国IBM辞职回到台湾，在我们系里任客座教授，开设半导体物理学的选修课，用当时全球大学理工科半导体相关专业广泛采用的安迪·格鲁夫（Andy Grove）的《半导体元件物理学》（*Physics and Technology of Semiconductor Devices*）一书作为课本，我才第一次接触半导体电子学（1968年，英特尔在美国硅谷创业）。杜教授教课很灵活，虽然是按照课本的章节顺序讲课，但上课不看课本，循循善诱，深入浅出，把半导体物理的来龙去脉讲得有条有理，上他的课如沐春风。杜教授的考题尤其灵活，解题也很特别，我觉得很能测试出学生是否真正理解。我大四初次接触半导体有惊艳之感，从此决定选择半导体学作为努力的方向，不知当时一同选修、后来从事半导体产业的同班同学是否也有同感。

因此，1969年我从台大电机系本科毕业后，报考台湾交通大学电子研究所，专攻半导体物理学。

台湾高科技产业的形成

在我上大学前，台湾除了原来日本占据时期建立的台湾大学和几所由工业、农业、商科、师范等专科学校升级的大学，并没有太多高等学府。因此，从大陆各名校来台湾的校友都很热心地在台湾建立学校。其中理工科方面，在新竹的台湾交通大学先设立电子研究所招收硕士生，再以此为基础成立大学本科；台湾清华大学也在新竹成立了核能研究所。后来这些学校又都成立了综合大学本科。到现在，这几所大学仍是台湾学子最向往的学府。这些来自大陆名校的知名校友——有官员、学者、企业家、专业人才——凭借他们的眼光、人脉、能力和无私的奉献，夯实了台湾理工科高等教育的基础，才开始和维持了台湾后来整个高科技产业的长期发展，也才能让台湾拥有在全世界引以为傲的集成电路及产业链上下游相关的所有高科技制造业。我作为在这个环境中最直接的受惠者之一，每思至此，非常感谢这些先辈无私的奉献，他们的风范对我而言，真是"典型在夙昔"，历历在目——一直是我学习的榜样！

20世纪60年代，台湾交大电子研究所在旅美学者施敏博士和其他很多学者的努力下，成立半导体实验室，开始半导体学的教学，我1969年入学是作为硕士班研究生。当时实验室的负责人是张俊彦和郭双发两位教授，他们都是台湾最早接受半导体教育的研究生。其中张俊彦教授在施敏博士的指导下，成为台湾地区第一位理工类的博士。郭双发教授曾到斯坦福大学学习，是我硕士论文的指导教授。两位教授和台大的杜俊元教授都是我在半导体专业的启蒙老师，很感谢他们。

我在台湾交大电子研究所学习两年，我们科学组必须选修半导体晶体管（三极管）制作：先要在红膜胶片（rubylith）上刻上设计的三极管每层的图案（layout），然后用照相机在有感光胶的玻璃板上缩影10倍成重复小图案的光罩。那个时代因为只制作晶体管（三极管），图案简单，实体上的关键尺寸（Critical Dimension，CD）也大，以mil（密耳，1密耳等于1/1000英寸，等于25.4微米，是纳米的25400倍）计，因此用手刻再制版还是可能的。后来集成电路太复杂，CD也按照摩尔定律的规律越来越小，就必须用电脑直接将图案做到光罩上，不可能再用手刻了。产品用一组图案不同的光罩，依序反复地进行曝光、显影、定影这些全套光刻手续，配合氧化（oxidation）、掺杂扩散（doping diffusion）、金属蒸镀（evaporation）、湿刻（wet etching）等过程，最后在2英寸的晶圆上做成晶体管器件实体。每个同学分得1/4块去量一些基本电性参数（basic electric parameters），然后写成实验报告交上去。

和现在的条件比起来，当时真的是很艰苦。这就是为什么我主张学校应该和企业或研究部门合作，不应该自己建实验室，因为学校不但负担不起日常运营费用，更赶不上摩尔定律的变化！回忆1970年初在台湾交大半导体实验室，1974年中在美国看斯坦福大学的集成电路实验室，以及20世纪90年代台湾交大的奈米实验室的经历，我发现，学界及研究机构的半导体实验室，实在无法在工艺水平上和投资巨大的产业界相比。因为只有产业界才有足够的资金不断更新最先进的设备，有足够多的营业收入维持每日的运营开支。学界及研究机构应着重理论和尖端器件的开发，或对工厂生产的产品做失效分析（failure analysis），改善产品良率及性能；实验方面，则可以通过产学合作来实现。因为学生到工厂当工程师后，要马上参与生产，解决可能发生的各种问题以维持工厂稳定生产；或是参与开发新技术、新产品，以永续企业经营成长。这些都需要同时具备踏实的理论和动手实干的功底,才会有良好的效率来完成任务。在工厂里,最不缺的就是动手实干的机会,因此学生在产学合作时就可以实现动手实干。但是要再去学习理论来论证课题,常常缓不济急,耽误时间。因此,学生参加工作之前,在学校学习时,要把握机会夯实理论基础,然后在工作中不断精进。

在台湾交大就读的两年,我的硕士论文是跟郭双发教授做材料带隙基准(bandgap)的理论分析。除了实验课需要动手,也需要对半导体材料的理论做一点较为深入的了解,因此我另外选修了张俊彦教授的半导体物理课,用施敏教授的书(当时张教授在施教授的指导下,正在进修第一位中国工学博士的学位,同时也正在帮施教授写一本比葛洛夫的书,内容更丰富、更深入的半导体物理学书籍)。

因为对台湾半导体学术和实业的贡献,施敏博士和张俊彦博士先后当选"台湾研究院"院士,可谓实至名归。几位教授在半导体理论和实践方面都有很高的造诣,不但著作等身,而且桃李满天下,台湾电子产业界好几代的创业者和工程师都是他们的学生。

比如和我在台湾交大同受郭双发教授指导论文的施振荣,就是很有成就的一位。他在校时就表现出很高的领袖天赋。除此之外,我印象最深刻的是他上课的笔记。那是用铅笔写的,下课时已经很完整,段落分明,很容易读,不必再修改补充！另外，他也非常活跃，乒乓球打得很好，舞也跳得了得，各方面都平衡发展。他一毕业就去三爱电子上班，听说他发明了圆珠笔上加电子表，这在当时非常流行，为公司创造了很多业绩。后来他创业成立宏碁科技，先是代理美国英特尔公司刚刚推出的4004等一系列微处理器①产品，并成立"小教授"培训班，推广产品；后来就利用自己代理微处理器的便利组装个人电脑，使宏碁成为整机生产销售公司。他是台湾个人电脑产业的开拓者之一，对台湾电子制造业的发展做了很多贡献，台积电刚刚创业时他就投入其中，一直是台积电的董事。

我有幸在本科阶段受杜俊元教授、在硕士阶段受张俊彦和郭双发两位教授的教导，他们是我进入半导体专业的启蒙者，他们使半导体成为我终身从事的专业，我非常感谢他们。

我1971年从台湾交通大学硕士毕业，准备去当兵。这一年，在英特尔（7年后我会去那里上班）诞生了世界首款商用微处理器4004。同年，英特尔和《花花公子》杂志同日在美国纳斯达克上市。

---

① 微处理器是由一片或少数几片大规模集成电路组成的中央处理器（CPU）。

结婚生子及留学

1971年10月10日，我向服役的兵工厂请假，和交往四年的金育南女士喜结连理，完成终身大事。结婚后，育南继续在台南高级工业职业学校教书，我则回台北松山的兵工厂继续服兵役。隔年，长子崇霖在育南做产前检查、离台南家不远的804军医院出生。这医院和我有一段因缘：小学时学校组织学生到这家医院和旁边的炮兵学校劳军，我被安排演一出话剧，情节不记得了，只记得剧中我演一位爸爸，一位高大的女同学演妈妈，另外一位娇小的女同学演女儿，一位瘦小的男同学演儿子。如今我儿子真的就在这里出生，何等的巧合！

孩子出生那天，我正好因为兵工厂五一劳动节放假回台南。上午育南说肚子疼，我们马上到804医院检查，医生当场说不用回去了，马上要生了。果然下午两点左右，崇霖就呱呱坠地了。育南生产后恢复得很快，使我少了很多顾虑，可以放心回去兵工厂上班。

按照族谱，我们这一代是"长"字辈，下一代是"崇"

1971年和金育南女士的结婚照

字辈,且那天很久没有下雨的台南,下午雷电交加,下了夏天午后常有的"西北雨",久旱之后普降甘霖,故取名崇霖。育南产后继续住在台南老家,直到我退伍到台大电机系一边读博士班一边当讲师,有了固定收入,她才带孩子一起来台北与我团圆,同时也到附近的私立醒吾商业专科学校^①教书。

从回台大读博士班到决心留学

在兵役快结束前,我开始考虑未来出路。因为有了孩子不想出国,我考虑继续深造,回台大电机系考博士班是个出路,当时的系主任许照先生也鼓励我去考,结果我顺利考取,同时被聘为讲师,得以有收入维持家计。记得当时月薪资是4722元新台币(大约等于115美元),并有一些米、油配给。

我和育南、崇霖与连襟开府兄和允中大姐合租永和一公寓,每人每月分摊750元房租,剩下的不到4000元要应付小孩的奶粉和日常生活费用,显然不太够用。因此承蒙朋友介绍,我每个星期到台北附近板桥的亚东工专去兼课三次,教集成电路学。这样加上育南在醒吾商专的收入,我们才能勉强过日子,并存一点钱,希望以后可以买一套自己的房子,不用再租房子住。

---

① 今醒吾科技大学的前身。——编者注

我因初次任教，在台大电机系每学期有两门课，教工程数学及电子材料；在亚东工专有一门课；自己还要选修博士班的课程和准备论文，时间总觉得不够。加上孩子还小，夜间常起来哭闹，日子过得非常煎熬，备课常有不足，对自己教书的表现不满意，内心很是沮丧。

1972—1974年，我在台大上课时，正值台湾经济转型、物价飞涨。永和的住所附近在盖房子，我时不时过去问问房价，发现每次去问，房价都上涨，且上涨的部分比我和育南合起来每个月能节余的工资还高很多。这表示我这一辈子不可能自己买房子了，于是我心中更加煎熬。其间更发生了几件不顺心的事，让我心情更加郁闷。这种心情和后来发生的两件事，使我决心放弃在台大的工作，到美国留学去！

在台大当讲师时，每一位正式员工都可以申请学校宿舍，我自然也去排队申请，希望有一天能排上，就不必花钱租房子。我有自知之明，我这刚出道的小讲师等级最低，因此心里有准备要等上好几年。谁知道等了一年左右，学校总务处就通知我有房子，我可以看过再决定要不要。我大为惊奇，也雀跃万分。不过总务处说，这房子你看了以后如果不要，以后就不可再参加排队分配宿舍了。也就是说，我在台大的宿舍，要的话就只能是这间了！

我很好奇，就拿着总务处给我的地址去看，原来房子是在舟山路台大农学院实习农场里面，离我大二时住的第七宿

第二章　滚石痕迹：求学记

舍很近，我以前早上常在这开阔的农场练习朗诵德文和英文。按图索骥来到房子所在地，我发现分配给我的宿舍原来是养牛的牛栏！现在这里不养牛了，就用来满足紧张的教职员宿舍需求。牛栏的地上没有铺水泥，屋顶只有简单的木板，四周是泥巴加稻草混合的土墙，正可谓家徒四壁！不过面积倒很大，差不多有300平方米，是很正规的长方形，格局很不错。但是当时的我"年轻气盛"，看了房子以后颇感失望和屈辱，觉得学校太欺负人了，人怎么能住到牛栏里呢？于是便向总务处退了。现在想起来有些后悔，如果知道后来房地产涨成那样，那时就应该把它拿下，慢慢整理，日后在寸土寸金的台北，我们就有一间面积很大的住房了！只怪自己当时缺乏长远的眼光。

另外一件事是博士论文指导教授的不告而别。我进电机系博士班后不久，有一位从美国西屋电气（Westinghouse）退休的科技专家张博士，来系里任客座教授。他的专长是硅晶生长（Silicon growth），这个课题正是我的兴趣，因为集成电路就是建立在硅晶基座（Si substrate）上的，它是集成电路的直接材料。因此，我很兴奋地选他为指导教授，他也欣然同意，我们大约每周有一次会面，或在系里，或在他的住所。这期间我也看了一些相关方面的书，做了一些准备工作，学术研究逐步有了进展。

但忽然有一段时间，我找不到他了，在系里打听，别人也不知道他是不是继续任教，隔了很久还是没有他的消息，于是这一指导教授的安排也就无疾而终了。这使我非常失望，博士班上了一年半，我必须从头开始！这时，系主任也在努力替我再安排指导教授。当时我有一个大学时的同班同学，因为不必服兵役，也没在台湾读研究生，一毕业就去美国留学了。到我博士班第二年时，他也已经在美国读博士四年，快毕业了，正在申请回台大电机系任教。如今我可能变成同学的学生！这让我当时有一种落后于人的感觉，更加沮丧。

这期间比较值得欣慰的是，次子嶔崎于1973年9月8日下午在台大医院出生。那天很巧，也在台大念化学系的小姨子来访，姐妹俩中午去台北公园散步吃冰，育南忽然说肚子痛，两人就直接到附近的台大医院去。轮值的医师正好是我在台南一中时同期第一名、保送台大医学院的谢丰舟同学！中学毕业八年后，再次在这样的场合相遇，真是奇妙！嶔崎后来读医，或与此因缘有关。记得中学的语文课本中有一篇文章说"王冕是一个嶔崎磊落的人"，我因为希望我的孩子也是一个嶔崎磊落的人，故取名嶔崎。他日后果然如此，真有一颗善良的心！

美国求学生活

经过上述两年的折腾之后，我决定和其他同学一样，去美国！

我开始申请学校，就向已经在美国的一些同学打听情况。这时候，我自小学、初中、高中同校，大学同班，16年的同学刘晓明兄，正好在加州的斯坦福大学材料系学习，他建议我也去斯坦福材料系。我正有意由电机转攻材料学，因为我认为，如果说数学是物理之母，那么材料就是工程之父了，对于实事求是的工程师而言，再好的理念都必须具体实现到看得见、摸得着的实物材料上，否则都是虚的。

因此，我托他把我的申请材料递到系里。那时申请学校，要交一笔几十美元的报名费，寄一封挂号信也要十几二十美元，加上个人档案文件的公证费，在42元新台币换1美元的时代，申请一所美国学校至少要花我一个月的薪水（4700元新台币）。已经有两个孩子、没有多少积蓄的我，实在力不从心，勉强只有申请一所学校的能力。这在当时乃至于现在，可能都是少有的。据我所知，很多同学至少同时申请五六所学校，甚至十几二十所的都有。这种窘迫的经验，加上后来求学过程中的一些类似的窘迫遭遇，无形中造成我职业生涯的极致作风：以最少的资源和时间完成任务——享受追求"穷而后工""置之死地而后生"的奋斗过程！

经过晓明兄在当地的协助，我终于申请到研究助理（Research Assistant）奖学金，每个月有430美元，同时也免学费，剩下的钱够付生活费和宿舍费，这样就不必再从家里拿钱了。

我向台大电机系申请了停薪留职。1974年8月底，靠着大哥赞助的730美元飞机票，我生平第一次搭飞机，乘坐大韩航空的飞机，经韩国汉城（现在的首尔）飞旧金山。机票包含在汉城住一夜和游览一个上午的费用，我现在只记得当时去了景福宫和西山，走过的地方街道宽敞整齐，给我的印象很好。

下午登机，直飞十几个小时到旧金山。在台大电机系时的另一位同学段行建来接我，他也已经到斯坦福的电机系就读了。晚上，他和一些后来认识的同学在帕洛阿托的街上一家必胜客替我接风洗尘，这是我生平第一次吃比萨，甚为喜欢，尤其有凤尾鱼（anchovy）的那种，很对我胃口，自此以后有机会必点。很感谢老同学在我第一次落地异乡的接待，使我内心少了很多不安，日后我没有少麻烦他们两位。

美国留学记

我是斯坦福大学材料系那一届所有来自中国台湾的近10位同学中，唯一一个直接从台湾入学的。其他人都是先到美国的其他大学上了一年学之后，再转到斯坦福大学的。这都是拜晓明兄的帮忙和前期学长们在系里优异表现所赐。

到斯坦福大学以后，我马上准备参加进入博士班的资格口试，这是入学后第一年年底就可以开始的。我准备了一下，幸运通过，这样我就能安心准备第二年年底接育南和孩子们来美国团圆了。我在台大是停薪留职，做两手准备，万一毕业后在美找不到工作，还可以回台大。不过这样我就在台大电机系占了一个职缺。后来我没回台大，虽然系里会安排代课老师，但我还是感到问心有愧！

在斯坦福大学念博士的经历

第一年选博士论文指导教授时，我选了贝茨（Bates）教授，做和惠普（HP）合作的光电材料（photoelectronic material）的研究。这在系里是一个新项目，我必须先和一位印度来的同学德鲁巴·达斯古普塔（Druba Dasgupta）合作，从头装一台新设备。因为所有的主要零部件都要等贝茨教授和惠普合作的一位工程师从惠普带过来，进度很慢，我怕来不及在四年内毕业，因此申请换指导教授。

此时，正值后来担任英特尔首席执行官（CEO）和董事会主席的克瑞格·R.贝瑞特（Craig R. Barrett）借调去英特尔当品质管理部门的经理期满回来，还没有学生，我就选了他当导师。他指导我做材料定性分析（material characterization）中用透射电子显微镜（Transmission Electric Microscope）进行金相定性的研究。他教学很有耐心，不厌其烦地给我讲解、示范怎样做样品和实验。他为人也非常随和爱笑，常常和我们这些学生一起打排球。很可惜他只指导了半年，也就是我到斯坦福大学两年后，他就从斯坦福辞职，到英特尔上班去了。后来他一直当到英特尔的董事长，他任职期间，英特尔公司成长得非常快。克瑞格走了后，我只好再换教授了。这样我到学校的时间已经有两年了，如果要像其他学生那样平均四年拿到博士学位，我就只有两年可以做论文了。而当时系里的论文课题，只剩下庞德（Pound）教授和IBM的亚伯拉罕·法里博士（Dr. Abraham Farry）合作的电脑模拟——蒙特卡罗模拟（Monte Carlo Simulation）——这一个课题了。

我在台湾上学时，电脑刚刚兴起，前面说过，我没有正式学过电脑编程。在庞德教授开车带我去位于圣何塞的IBM第一次与法里博士见面的路上，他问我会不会电脑编程，我硬着头皮说"会"。因为如果说不会，我在斯坦福大学就没有博士论文的课题可做，只能拿个硕士学位离开。我不想如此，所以当时回答"会"是唯一的选项！

到IBM后，法里博士给了我一份之前一位已经毕业回日本的学长发表的、不到10页的期刊论文，以及一大叠他使用的电脑程序的打印件,对我说,你看能不能在里面找到可以做博士论文的题目。当时我觉得这真是很大的挑战!后来我才体会到,这才是训练一个能有创见、能独立研究的高级研究人员的第一步:怎么样在有限的资料中,发现有意义的新课题,并制订计划,完成一篇有创见的论文,发现一些前人还没有发现过的秘密。

于是我决定兵分两路:一是把这位学长的这篇文章仔细读了好几遍,充分了解这篇文章的思路、写作方式和学术意义;再把他引用的每一篇重要论文都找出并复印下来,同样仔细阅读。二是把电脑程序展开,画出架构图,把主程序(main program)和众多子程序(subroutine)之间的关系了解清楚,特别是把里面所有变量(variable)和参数(parameter)的意义与学长的论文对照着搞清楚,并且把公式写出来,对其意义加以分析。

这样夜以继日地工作了三个月,我终于把论文和电脑程序的关系吃透了!与此同时,我把电脑程序全部打卡完成(那个时代还需要打卡,很花时间,也很容易出错)——程序很长,卡片很多很重!打完卡片以后,我开始在IBM的370主机上跑程序。正是因为原来没学过电脑编程,我开始时把卡片跑进去后,结果连电脑程序都没有印出来,只有薄薄几张纸,看都看不懂。我又不敢问法里博士,怕他知道我不懂,把我开除了,只好四处找IBM的高手请教,才知道原来是因为我没有加控制卡（job control card）。问清楚了什么叫控制卡后，我再打卡片进去，这次印出了指令列表，但没有结果。再问，原来是因为我没有放一些供电脑程序运算的基本变量的资料卡（source card）。又搞清楚怎么加资料卡后，这次我发现打出来了，但打个不停！负责计算机的人只好暂停，我拿回来一看，发现密密麻麻印了几百条错误信息（error message）！我对照说明书循线一个一个改，真正搞不懂的再问人，弄得有个胖子（忘了他的名字）烦了，去告诉法里博士说，怎么斯坦福的博士生"入太庙，每事问"，什么都不懂。

我只好一切靠自己，不断在电脑上试错，猜想错误信息的意思并加以修改，最后大概花了半年时间，总算把全部程序跑出来了，得到的数据开始比较具体有意义。话说回来，当时被我问的人当然有不耐烦的，这我不能怪人家，但也有些人自始至终很有耐心地教我，我真的非常感激。不管怎么样，美国一些专业人员、技术专家良好的性情，乐于提携后进的胸怀，让我印象深刻、铭感五内。后来初到英特尔上班时，我也有同样的遭遇和感受，也了解了美国强大的科技实力真的其来有自，这都深深影响了我以后在公司里做管理和为人处世的原则。

在跑程序的同时，我也读了很多专业杂志上与课题相关的论文，终于找出可以做论文的方向了：用蒙特卡罗模拟的方法研究二元合金（binary alloy，两种不同原子组成的合金）。因为不同原子的偏析（segregation）和材料从表面到内部不同原子分布的变化。对一定比例的任何两种金属，我先想象它们在室温下该有的结构位置，作为起始点，同时在文献中找到这两种金属合适的伦纳德-琼斯势（Lenard Jones force，固态中原子之间的作用力。伦纳德·琼斯是德国物理学家）的参数，开始模拟。

每次用一种产生随机数（random number）的子程序，选出某个原子，再随机决定这原子移动的方向和距离，之后算出新原子分布的化学势（chemical potential）的变化，然后根据其结果代入公式，决定这次变化是否可能。若变化不可能，则回到原来状况（原子分布）再任意选一原子，重复上述过程。若可能发生，则这个原子就固定在这个新位置；然后回去找下一个原子，重复同样的工作，直到整个结构的化学势不再有大的变化为止。

这时候，两种原子在空间的分布，即这群原子由中心到表面（或接口）的结构，就是他们在这一温度下的稳定状态（steady state），是原子因为彼此作用力（吸引力和排斥力的交替变化）产生偏析的结果。在稳定状态时，两种原子中的一种会比较多地存在于表面（surface-rich），另一种则会比较深埋在内部。判断这种复合物的原子分布有很重要的意义，比如我们可以把比较不容易得到的、数量比较少的原子

"赶"到表面，而躯干块体（bulk）由比较容易得到的原子构成。催化剂（catalyst）就是最好的应用。因为催化作用只发生在催化剂的表面，所以表面可以是较贵的、有催化能力的材料，比如铂（platinum），中心可以是较便宜的、没有催化能力的材料，比如铜（copper）等。这个模拟也可以决定上述二元（binary）系统的结构和体积大小（即原子的数目）的关系：原子数目越少，原来排列很规则的晶体（crystal）会变成非晶态（amorphous），甚至变成液体状态。因此，这个方法可以用来研究二元材料的结构变化，也可以用来研究三元块体材料的变化。我博士生论文的题目叫作《二元微团的蒙特卡罗研究，晶体/非晶体，界面和表面偏析》（Monte Carlo Studies of Binary Microclusters, crystal/amorphous, interface and surface segregation）。

这中间发生了一件事，深刻影响了以后我做科学研究的态度。

在我跑电脑模拟收集论文资料的过程中，发现模拟到约100万次后，运算竟然不收敛（converge）而是出现发散（diverge），得不到结果了！这使我在模拟的原子数目变多以后，无法充分模拟得到二元系统最终的稳定状态，也就是说，我得不到实验结果，论文做不下去了！我焦头烂额地试了种种可能性，试图克服困难，也和法里博士讨论过多次。但他建议的几个方向也没有成功，倒是我提出的某些方法，

第二章 滚石痕迹：求学记

他说不可能，我就没有去试了。这样过了三个月，我焦虑得要撞墙了，因为一直没有结果，论文真写不下去了。法里博士也失去了耐心，就建议庞德博士把课题停了，我拿工程学位离开斯坦福大学。博士学位拿不到了，这真是晴天霹雳！

于是有一天，我们三个人在材料系的一间会议室里讨论了这事，法里博士认真地提出，他建议我停止这个项目。到这个节骨眼上，我只好做最后的挣扎，我说："我是还没有做出来，但我一直在努力。我或许有困难，你也知道我的难处，但我相信这个问题不是根本的理论错误，应该是工具也就是电脑的问题。我们即使一时解决不了，但是我们必须找出电脑的问题或极限，这也是有意义的事。我愿意在这方面想办法发掘问题，可能的话就解决它！"最后在庞德博士的主持下，法里博士答应了再给我三个月的时间解决，否则我就来不及在毕业前发表论文（只剩下一年了），只好打包走人，拿不到博士学位了！我那天晚上回去后非常沮丧，想到在台大停薪留职占了别人的职缺，自己却没有修得学位！尤其是与我同时进入斯坦福大学各科系的同学（其中还有我当讲师时教过的学生）都发表过主要的论文了，正在准备毕业，我如果想要和他们同时毕业，无论如何也必须解决模拟不收敛的问题！

在过去三个月的时间内，各种修正我应该都试过了，就只剩下一些我提议过，但法里博士不以为然的方案还没有试过。其中有一项是我根据同时迭代（simulation iteration）不超过100万次时没问题，但超过100万次后就不收敛的现象，我推想是模拟精准度的问题。因此我曾经建议把原来的单精度（single precision）改成双倍精度（double precision），将其精度由10^{-6}变成10^{-12}。但是当时因为法里博士认为不可能，我就没有试。现在想来想去，就只有这一个方案还没有试过，也最有可能是关键。当晚，我马上开车到IBM电脑室，把单精度改成双倍精度，再试着跑了200万次。结果"bingo（答对了）！"一试成功！

兴奋之余，当晚我守在电脑旁边，把我原来计划所有要模拟的电脑图形全部跑出来后才回家休息。第二天，我把这些新跑出来的电脑图形放到原来就写好的论文主体中，再仔细理顺文章。就在三人开会后隔了一天，我就把论文的初稿交给了庞德博士进行修改，准备发表。因为这之前，我已经在《表面科学》（*Surface Science*）杂志上发表过几篇论文，加起来可以达到博士毕业的要求了！

这是我第一次用英文写这么长的科学文章，庞德博士用他因帕金森病而颤抖的手，对我的论文进行了大幅度的仔细修改。在我跟他学习的过程中，他虽然没有像其他组的教授那样，每周定期与一群师兄弟和教授讨论，因为他只有我一个学生，而我大部分时间在IBM跟随法里博士做论文，但他对我论文的修改，让我在写科技论文方面获益匪浅，否则，我的水平真不能登大雅之堂。只可惜我疏忽不知珍惜，当时没有把他改的手迹留下来，不然还可以不时拿出来复习、学习！

这次的插曲，让我真正经历了我认为攻读博士文凭该有的洗礼过程：在专业学科的茫茫大海中，自己要能找出还不为人知的有用课题，由此理出正确的思路；建立合适的研究工具，找出有意义的新知识；过程中碰到困难，能想出办法解决，最后还要经历被权威的同行挑战的淬炼（博士论文毕业答辩在英语里叫defense，意思是防卫，即接受行家的攻击和挑剔），确定新的发现确实有意义，也确实是新的。

由于上述的一番周折，为了能及时毕业，在模拟的问题解决之前，我就先把论文写好了。其中还没模拟成功的实验图表，我就先假设模拟成功得到的图表该有的样子，摆到文章上去，让文章完整。也就是说，在实验结果还没出来之前，我的论文已经写好了！模拟的问题解决了之后，得到的电脑画的图表和我假设手画的几乎完全相同！只要用电脑画的图表取代我手画的就可以了，文章的内容不必修改！

就这样，经过几番折腾，我终于能按时顺利毕业了！

总结我读博士学位过程的体会：

一、要勇于争取机会——真正创新的，条件不一定充分。虽然自己目前并不具备充分的条件去抓住机会，但在执行过

1978年从美国斯坦福大学取得博士学位时的全家合影

程中经过努力,是有可能创造条件出来的。而机会不是常常有,不要随便放弃。就像我的博士论文,我本来并不具备电脑模拟能力的条件,是争取来了之后,努力去创造条件的。过程虽然困难重重,但是在压力下,点子就会出来。经过各方面的努力,成功的希望会越来越大。再比如能马上赚钱的订单并不常常有,虽然拿到的订单原先算起来可能企业并不赚钱,但是拿到以后,自身的条件可能就不同了,经过巧妙的安排,就变成有钱可赚了。当然,如果要这样做,首先还是要对自己的实力有几分把握才行,这就要靠平常不断地收集和积累相关情报。

二、要善用资源。我们常常对周围很多可以改变条件的资源视而不见,比如我在IBM时遇到了很多热心提携后进的资深技术专家,他们无私地指导我这完全不懂电脑程序的学生,使我有足够能力完成博士论文。资源的来源是多方面的,这常常是事后才能意识到。

三、不迷信权威。要有主见,要据理力争,尤其是在自己专攻的领域内,自己应该是最权威的,别人(即使是权威人士)是很好的讨论和请教对象,但不见得了解自己的项目,主意必须自己拿。但是我们还是要尊重他们,毕竟他们提供给我们很多和同行之间进行头脑风暴的机会,让我们有机会"灵光一现,忽然想到"。

四、理论和实验验证不要本末倒置。研究课题是本,论证的实验是末，本末不可颠倒。在做课题研究时，做实验是要验证自己研究的新理论，而不是用来开发新理论的。如果理论正确，实验的结果应该是、也必须是事先想象到的。固然，偶尔在做实验的过程中会有意外的新发现，但那都是因为和预想的结果不符才会察觉到的。如果没有事先的期待，即使产生了新生事物，也会因为想当然尔，对其忽视而与之失之交臂，甚至误入歧途，走错方向！

这些体会对我后来在专业的研究和企业的管理上起了很大的作用，很有助益。其中，为了赶时间，在得到实验结果之前先假设"必须的"结果，把论文先写好，等真正的实验结果出来后，再取代原先"必须的"假设，以最快的时间完成论文的做法，不断锻炼我凡事追求"极致"的思维！当然，两者之间如果差异太大，那么不是实验有误，就是自己学有不足、假设错误。弄清楚问题所在，就是自己能力提升的时候！

我很高兴，经过这番有惊无险、差点不能毕业的折腾，我对科学研究的过程有了真正的体会，这是我这一生对科学研究乃至对事理的辩证有信心的基础。同时，它也让我对现代强调的创新和云端大数据两者之间的相互运用，有了比较深入的领悟。

经过这番努力，我终于如愿在1978年完成论文，和其他同期的同学同时毕业。我博士资格的名字依照斯坦福大学的传统，埋在斯坦福纪念教堂前的走廊、一块标有"1978"的石板下面！

在美求学期间的见闻

我在1974年7月到美国，1975年7月申请育南和两个孩子也一起来。在这之前，我在大学同学段行健和刘晓明的协助下考取驾照，花了400美元买了有生以来第一辆车，那是一辆全美汽车公司（America Motor）的二手车。同时，我向学校申请了有眷学生的宿舍，搬到了埃斯孔迪多村（Escondido Village）17号。1975年9月，育南和孩子们终于来到美国。

我刚到美国时，开学分配到单身宿舍前，曾住在帕洛阿托的寄宿家庭（homestay）。这是美国学校让刚刚从外国到美国的新生慢慢融入美国生活的安排。美国是一个移民国家，很周到地考虑到从陌生国度初来乍到的人，都可能有一种莫名的不安，因此能够先在一个有爱心的家庭慢慢融入新的环境，对刚来的人帮助很大。我从寄宿家庭的夫妇那儿学到很多美国人的生活方式，非常感谢他们。

这个家庭是一对从南非移民来美国多年的英裔夫妻，大约四十几岁，有两个读小学的女儿。先生在附近的美国航空航天局（NASA）担任工程师，和美国大部分的中产阶级一样，人非常好。我很感激他们夫妇在我刚到美国时帮我慢慢融入美国人的生活，提供我三餐，带我去大卖场买菜，去餐厅吃饭；知道我喜欢吃苹果，还曾带我去附近沃森维尔（Watsonville）的观光果园采摘苹果。我第一次见识到这种观光果园，在园中随便吃多少都不用付钱，但带回家的要付。我记得我在现场就吃完五个，还买了一大箱大概四五十个很大的五爪苹果回来。从此，我每天三餐加夜宵，一天吃四个苹果，吃到后来就不那么喜欢吃了。可见，很多东西不能"过"，一"过"就变味了，即便是令人向往的爱情也应该是如此吧？过犹不及！

我在学校申请到单身宿舍后，就搬离寄宿家庭，搬到位于校园里的克罗瑟斯纪念楼（Crothers Memorial），和台湾电讯研究所公费派来留学的胡万考住在一起。他早年从台湾大同工学院毕业，在电讯研究所工作多年，这次公费留学两年，进修硕士学位。他喜欢做饭，我和他搭伙，在宿舍的厨房和一帮其他系的外国同学分别做饭吃。不过我并非每顿如此，也常买些快餐打发。

和在台湾交大的宿舍一样，这里的宿舍休息室也有打乒乓球的设备，各国学生常常聚在一起打球交流。这些学生来自世界各地：马来西亚、印度、英国和美国本土各地。万考兄的球技比我好很多，在和外国同学的比赛交流中他赢面居多。

我们材料系的教学楼是一幢独立的西班牙风格建筑物，

研究生都集中在二楼的办公室，里面有咖啡壶，有免费的速溶咖啡，自由冲泡。我每天一早到办公室，第一件事就是泡一杯咖啡在手，然后才开始工作，慢慢养成了喝咖啡的习惯。斯坦福的材料系不像电机系大，所有人员都集中在那幢楼里，我觉得气氛不错。当时的系主任布贝博士（Dr.Bube）是光电材料的专家，特别是在二六族化合物方面，很多来自中国台湾的学生选他为论文指导教授。

我在台湾没有专攻材料学，在斯坦福大学第一次选修了完整的材料科学基础学科，很有兴趣，教授也都很好。因缘际会，我找庞德教授做论文，他是晶体生长动力学（crystal growth kinetics）方面的专家，是研究材料如何形成结晶的权威，我非常喜欢这个领域。我同时对蒂勒（Tiller）教授的生物材料（biomaterial）方向也很有兴趣。那时他正在研究基尔里安摄影术（Kirlian Photography），即照相显现生物（动植物）表面外围发出的光波，借此研究该生物的生理状况。我因为帮他把一份他的论文翻译成中文，好在中国的杂志上发表，因此对他的研究方向了解了一点皮毛。我本来要选他作为博士论文导师，研究构成人体穴道双极腔（dipole cavity）的电阻变化和生理状况的关系，这可能和台湾风行一时的气功的科学研究有可以互相切磋的地方，可惜因为缺少经费，项目作罢，我只好改选贝瑞特博士的透射电子显微镜了。蒂勒教授的课提到宇宙的四象空间等等，我似懂非懂，没有进入状态，以后忙着毕业论文就没有再追踪了。后来在台湾，我看到台大前校长李嗣涔博士（斯坦福大学电机系的同期校友）在这方面的成就，真佩服蒂勒教授的远见。

美国科学大师求真的风范令人钦佩，我们系里每周的研讨课（seminar）都是请知名的科学家给我们讲他们专长的项目，让我们眼界大开。曾有一次，请诺贝尔物理学奖得主肖克利讲各种材料——导体、半导体、绝缘体、磁性材料和有机材料——的成因。对这些不同特性的材料，他用简单的原子和分子的组成结构的变化加以说明，没有复杂的公式，像讲故事一样娓娓道来，深入浅出，听起来如沐春风，很容易理解。我真觉得，对一项学问真正了解的人，就是应该如此，必须把一般认为高深的学问讲得"连老妪都听得懂"，才是真正了解。

不过这位大师恃才傲物，口无遮拦，他除了得到过诺贝尔物理学奖，还有两件事情特别有名，一件是他得了诺贝尔物理学奖之后，成立公司，就叫肖克利半导体实验室，招聘很多专业的工程师在此工作、做研究，准备把他发明的元器件发扬光大。这本来是很好的事情，这些工程师也都是专业对口的一时之选，但是肖克利是诺贝尔物理学奖得主，功力当然比这些小年轻高出许多，对他们的好结果视为当然，但对他们的成果不满意时就口无遮拦地破口大骂。这些年轻人虽然比他嫩一点，但是当时在学校也都是"学霸",哪里受得了这种气。其中就有八个工程师事先找好下家后集体辞职,气得他破口大骂他们是"八个叛徒"(eight traitorous)!这些人一起加入了仙童半导体公司(Fairchild Semiconductor),这家公司后来也成为硅谷很多集成电路产业相关公司的摇篮。另外一件事情也是起于他的口无遮拦:他曾经发表文章说,根据他的科学研究,黑人的智商是所有人类中最低的!此话一出,所有黑人学生不干了!常常只要发现他在哪里上课,就有一群黑人学生等在那里,他一下课就把他堵在教室门口,七嘴八舌地找他理论。他一个瘦小的白人老头,像是站在一堵对他破口大骂的黑色围墙中间,但是他毫无惧色,面对众人据理力争,侃侃而谈,煞是有趣!

求学期间的家庭生活

住在学校的宿舍埃斯孔迪多时,学校有一项政策:校区里面开出了一片地,提供给有眷的家属种菜。育南也去申请了一块,种了一些蔬菜水果,虽然收获不多,但也给孩子们一些乐趣。育南刚刚到斯坦福时,崇霖四岁,钦崎三岁,因为年龄还小,环境也还不熟,过了一年他们才到学校附近的幼儿园去上学;育南也顺便义务当学校的会计,同时安排时间去附近的社区大学读电脑程序硕士学位,毕业后先后到英特尔和仙童半导体公司当电脑程序设计师,全家生活逐渐好转。

关于两个孩子，有几件事情我记忆犹新。

第一件事：他们刚来美国时不会说英语，出去玩时和邻居小孩起冲突，哭着回来。我把他们推出去，让他们自己去面对他们的世界。结果三个月以后，两个人就和附近的孩子玩在了一起，回到家里跟我只讲英文了，讲得比我这个在学校教室里学了多年制式英文的还流利许多！只可惜他们逐渐忘了中文。可见，小孩适应环境和学习语言都很快，但是忘得也很快。

第二件事：有一次崇霖一直哭闹，身体不舒服多日，说是耳朵痛，于是我带他去学校的医务室。那里的医生用水冲他耳朵一阵子，冲出一颗又黑又大又硬的耳垢。因为这辈子没见过这么大的耳垢，也没有见过用水冲出耳垢的方法，少见多怪而有此一记。

第三件事：孩子学中文，家长学太极拳。当时硅谷附近的中国家庭很多，各年级的孩子都有，有热心人士就租了附近中学的几间教室，办了中文学校，聘请学有专长的家长每个星期五晚上给各年级学生上两小时课程。我的两个孩子也去学习，可惜上课时间太少，两个孩子只学到了皮毛。有趣的是，学校为了让等接孩子下课回家的家长打发时间，开了太极拳班，我也报名参加——当然也是玩票性质。如今退休了，正好台南家附近公园台南太极拳协会也开了太极拳班，我又报名参加。因为比较持之以恒，学生人数少，老师比较照顾得到，由浅入深，我从外形比画逐渐学习如何用心、用意打拳。如今我已经学了两年，大致上还在外形比画上比较熟练而已，心、意运用的体会在老师耐心的指导下，只是偶尔触及其堂奥。想想老师经过近二十年的苦练，还不断到处拜师学艺，我这每天上午一个多小时的练习量，能有这一点点样子，已经是老师教导有方了！

学校里的国际同学

斯坦福大学是国际大熔炉，同学从世界各地来，让我大开眼界，对世界也有了更多的了解。我发现，我们虽然成长环境有很大的差异，但是在专业领域，特别是科技类领域，大家都有相同的认知，读过的教科书、写出来的公式都一样，大家交流的英语口音虽然有很大的不同，但是对科学理论的阐述是一样的。在课堂上，我们对相同的课题各自发表不同的观点，互相交流，评判的不是意识形态，而是科学。虽然不时有不同意见，在最后，总会回归到科学的理论判断来！

有的同学来自亚洲的阿富汗、印度、马来西亚、伊朗、韩国、日本，有的来自非洲的苏丹、尼日利亚，有的来自欧洲的英国、西班牙，有的来自南美洲的智利、阿根廷；当然还有来自美国各州的。这里是一个小小的联合国，大家在日常生活中或许因为习惯和语言差异的关系，来往虽有但不多，不过在课堂上有很多交流。其实科学家、工程师是很单纯的，大家都努力学习，也都担心挂科。

不同国籍的同学对学习的态度也都有相同的组成：有些比较书呆子，有些课外活动比较多，各国学生都一样，这使我觉得世界应该是大同的。问题是，总有一些有点小聪明的人不安分，喜欢兴风作浪，贪图自己的利益，假借冠冕堂皇的理由排斥伤害别人。有些人看不过去起来挑战，但成功得到权力后，也是同样做派。权力使人腐化，造成很多不幸的后果，更使得很多科学成果沦为害人的工具，真是意想不到。大部分引领科学进步的科学家，整天浸润在科学领域中，只希望他的发现或发明能造福人类，而不是给其他人带来痛苦。

而一些战争贩子却将科学家本来为了造福人类的发现或发明改造成为武器，去满足他们掠夺别人的野心。同样是火药，有的拿去放爆竹，增添节气的欢乐；有的拿去开矿，萃取材料供人使用；却也有人拿去做成武器，使杀人方法更灵活……科学家真应该不理世事，自寻快乐，未来自己发现或发明的东西会变成怎样，哪是我们能控制的？

孩子的成长

去美国以后，两个孩子和我一起共处差不多有八年时间——在斯坦福的三年，在英特尔和仙童半导体公司工作的五年。两个孩先是上斯坦福的幼儿园。搬到费利蒙后，上附近的圣何塞学校（Mission San Jose），搬到库比蒂诺后，他们已经上中学了，也都能适应环境，成绩不错。1983年我离开仙童半导体和同事一起创业以后，他们就读帕洛阿托的蒙他维斯塔（Monta Vista）高中，都是好学生。两人中学毕业后，崇霖进加利福尼亚大学戴维斯分校读政治经济学，毕业后曾经在瑞士苏黎世的世界贸易组织（WTO）和巴黎的经济合作与发展组织（OECD）任职。钦崎在加利福尼亚大学伯克利分校读人类学后转读医，毕业后在医院当医生。

我因为刚在美国工作，为求上进，时间都花在工作上，对他们的亲身教育比较疏忽，但是很感恩的是，育南不辞劳苦、全心全力照顾他们，一个人参与了学校的所有家长必须或可以参加的活动；孩子们也都能自觉努力，除了维持很好的成绩，也参加喜欢的课外活动。崇霖中学时参加学校摔跤队，大学时参加学校自行车队，都是主力；钦崎运动能力强，足球、篮球都是主力。另外，两人小时候早上都去送报赚零用钱，每天早上五点不到就起床，领报纸去负责的地区派送。暑假时间较长，他们也都会参加一些公司开放给员工孩子的短期工作，增加社会经验，顺便赚取一点学费。

我离开美国回中国台湾创业时，很少在家，两个孩子正快要读中学，于是育南一直陪他们到读大学。在我较少跑去日本和韩国，而是常住新竹工作后，她才搬来台湾，和我一起住在台湾交通大学新校区前面的梅竹山庄。我对家庭只有歉疚,尤其有时对两个孩子的教育过于严厉,甚至采取了体罚的手段,这让我至今一直引以为憾事。现在,崇霖对自己的孩子能刚柔并济又不失管教,绝对没有学我的恶习动手体罚,孙子们也健康活泼、很有教养,使我和育南很安心。

我在美国工作和后来创业常驻亚洲地区时,有机会回到家里,只要碰到他们有校际比赛,因为我自己也喜欢体育,我都会尽量去现场观看,和所有家长一样充当啦啦队,大呼小叫,享受释放情绪的快乐!看到孩子在竞技场上的拼搏,尤其看崇霖在摔跤场上跟那些强大的对手比赛时,他靠着不服输的精神在大部分的场合反败为胜,我很是感动!再看看嶔崎在篮球或足球比赛时,一气呵成的帅气动作,只剩下用力鼓掌、大声叫好的兴奋了!我对他们能够出色地完成我这做父亲的当年在学校没有当成校队队员的遗憾,甚感欣慰!

只可惜这种快乐时光不多,现在全家聚少离多,各奔东西,聚在一起的机会很难得了!只有2019年初我心脏手术、同年底育南腹部手术时,才有机会相聚,这让我非常高兴!

| 第三章

天涯屐痕：就业记

> 我从斯坦福大学毕业时,世界集成电路产业每四五年一个周期的兴盛期正好又开始了,各公司亟须用人,工作很好找。本来我离开台大到美国留学是停薪留职,毕业以后理当回校任职。但是我觉得,在科技界除了要有理论基础,最好也要有实际在产业应用的经验,因此决定把握机会,打算在美国工作几年以后再回去。在美国工作5年后,我终于回到故乡台湾创业,过了15年后,又来到大陆为祖国的集成电路产业贡献绵薄之力!一路走来,我都顺着产业潮流的风口浪尖而动,备尝筚路蓝缕、创业维艰的滋味。

··入职英特尔

斯坦福大学毕业典礼前,1978年初,我们这一届的同学就开始找工作。我因忙于写论文没有太多时间写求职信，因此只投了两份简历。一家是在硅谷的英特尔，同样是因为晓明兄先去了那里工作，知道那里招人，因此叫我写好求职信，他帮我送进去。另一家是在南加州圣迭戈的巴勒斯（Burroughs），那是因为在材料系时有一位他们派来带职学习、同期毕业的美国籍同学回去当部门经理，他部门恰好缺人，就叫我去申请。我一共就申请了这两家，结果巴勒斯的回信先来，替我付旅费，让我去圣迭戈面试。

改变人生的两份offer

我抵达酒店住下后的第一天，这位同学先带我到附近的住宅区去看看。地点靠近圣迭戈动物园，一个也叫埃斯孔迪多（Escondido）的地方（很巧，和斯坦福的眷属宿舍区同名），风景和气候都非常好！这里的房价比硅谷低一点。晚上同学请我吃过饭后我就先休息了，第二天正式面试。面试时，安排我先简单向几位面试官说明我的毕业论文。我想，他们主要在看我的理念、思路是否清晰，还有讲演过程及回答问题的反应。

事后，我和部门其他有关设计（design）、工艺（process）、器件物理（device physics）三方面的未来同事都个别面谈过，中午和他们及他们的领导（一位非裔美国人）一起午餐，交谈甚欢。这个部门是做动态随机存取内存（DRAM）的，三位面试官都是从台湾来美国的中国人，负责工艺的是一位来美多年的前辈（很抱歉忘记名字了），设计的是段行迪（正好是同学段行健之兄），器件物理的是艾德·林（Ed Lin）。我与后两位后来有缘一起在仙童半导体共事，最后更和其他人一起创办华智（Vitelic）和茂硅（Mosel），真是奇妙的人生际遇！他们说明了我的工作主要在工艺方面。我觉得这个地方工作环境很好，我很喜欢，如果被录用，可以考虑过来。

从巴勒斯回来后不久，我也收到英特尔的回信，面试也是同样的程序。在这里，我碰到了未来的领导、也是斯坦福大学的前辈系友诺姆·奥奎斯特（Norm Alquist）。这个部门叫基础工艺（basic technology）组，专门研究、开发还没有用于量产的下一代先进工艺。1978年左右是集成电路产业的生产工艺进入大范围改变和提升的新阶段。当时，英特尔正和加州大学伯克利分校电机系的比尔·奥尔德姆（Bill Oldham）教授合作开发一套模拟光刻机曝光（stepper exposure simulation）的软件，名叫SAMPLE。我因为正好有电脑模拟的经验，因此，晓明兄就推荐我进来了。

经过这两次面试后，就是等公司的回信了，我心里很是忐忑。结果，巴勒斯的聘书（offer）先来，提供搬家看房子的费用，年薪23000美元，并帮忙申请绿卡（允许外国人在美国居住和工作的法律证件）。这使我大为放心，因为我的论文是理论方面的，不是动手做实验的，当时比较不容易找到工作。我是做好找不到工作就毕业后回台大教书的准备的，因此四年来我一直延期停薪留职，但还是希望有机会在产业界工作一段时间，积累一些实际经验。

从在业界的声望来看，英特尔是由系统公司的仙童半导体独立出来的集成器件制造商；而在圣迭戈的我工作的部门是系统公司巴勒斯下的一个部门，在整个公司的运作时可能比较不受重视。而且若英特尔给offer，我就可以继续住在硅谷，不必劳师动众搬家。因此我先按下对巴勒斯的回复，等英特尔的offer。最后英特尔的offer果然也来了。我和晓明兄及一些朋友商量了之后，决定接受英特尔的offer，婉转地拒绝了巴勒斯的offer。1978年3月底，我开始了人生第一份正式职业。

一个集成电路工程师的成长

就这样，我一个在做博士论文前完全没有写过程序、做过电脑模拟的人，竟然以电脑程序为工具，用两年的时间，不但完成博士论文，更以此为特长，在当时集成电路工艺最强的公司——英特尔——谋得了一份资深工程师（senior engineer）的工作！

进英特尔后，以自己的理论论证训练为基础，我在公司强大的制造资源加持下，努力学习和工作，逐步积淀自己动手实验的能力。到后来和同事合伙开公司时，我能在复杂的集成电路工艺整合（process integration）的研发和制造方面有独当一面的底气，并且将自己开发出来的工艺转移到韩国、日本以及中国大陆和台湾地区多家半导体公司，为新创企业的生存贡献一己之力，是因为我很幸运地在工作的过程中，碰到很多有耐心和爱心的业界专家们，他们很愿意提携后进，分享他们渊博的知识，我就像一只遨游在百花丛中的蜜蜂，采集到不同芳香的花蜜一般，大量了解吸收各种关键的专业知识，因此能够整合几百个单元步骤，形成良率合理、稳定、适合量产的集成电路整合工艺。当然，在和这些热心的同行交流的过程中，我谨守本分，只请教共通的专业问题，并不打听对方正在开发的专业技术的秘密，这大概是他们愿意和我分享的原因之一。

这些温馨、美好的经验，使得后来无论对自己公司里的员工同人，做技术转移（技转）时对对方的工程师，或在各种技术研讨会中对来找我讨论的与会者，我都很乐意和他们交流有关技术的课题，知无不言、言无不尽。其实，我很快发现，在向他人讲解的过程中，自己常常会得到意想不到的启发和创意，真是"教学相长"！

我转移的技术中，给美国Nitron、中国台湾联华电子和日本富士电机（Fuji Electric）的1.5微米16K静态随机存取存储器（SRAM）是从经验和理论原创出来的，而转移给中国台湾联电和韩国现代电子产业有限公司（海力士前身）的1.2微米64K SRAM生产技术，以及转移给日本夏普（Sharp）的0.8微米256K SRAM生产技术的开发，都是我在向上一个转移对象的工程师详细讲解要转移的前一代技术时，很自然地意识到下一代产品必须具备的、更高阶的技术条件和解决方法。我的新一代整合工艺都只经过一两次微调就达标了！"教学相长"这种观念也延伸到处理新技术不断推出和不断改进良率的过程中必要的"失效分析"：我一样鼓励参与失效分析讨论会的与会者多提想法，多讨论，大家要知无不言、言无不尽，才能集思广益，很快找到失效的原因和解决的方法，同时每一个与会者都能得到成长。

在美国求职的体会

在美国求职是我平生第一次正式经过面试找工作（在台大的讲师是读博士班的兼职），面试的过程有以下的感触，也成为我自己以后代表公司聘请人才的样板：

1. 面试应安排周到。为应聘者安排到公司的旅行、面试的过程，以及和未来同事详细互动、参观未来工作和生活环境等的细节，都很周到，使应聘者感到自己受到重视，感受到未来公司的温暖！

2. 为留住高级技术人才，公司有专门的律师和职员帮外国人士申请绿卡。我认为这是美国科技强大的一个重要原因——吸引全球人才为其所用。美国有很好的环境，吸引全世界各国的人才来求学、生活。这些人才都是原来的国家花了很多金钱成本，完成长时期的基础教育出来的，比如我的故乡曾经为我花了18年的小、中、大学、研究生的教育费用（这阶段个人对社会还没有贡献），美国用一点奖学金把我吸引过来，四年毕业后马上可用！这样做至少有以下的好处：第一，节省了很多初期培养的时间和费用；第二，人才多是筛选过、相对优秀的；第三，这些新移民为保住来之不易的身份和工作，会使出浑身解数努力工作，工作素质自然比较好，也比较稳定；第四，以后即使这些人回到自己的国家，需要资源（如材料、装备）时的选择自然会倾向美国品牌，这就扩大了美国在世界的影响力。美国政府太聪明了！很高兴的是，中国现在也在这样做！

3. offer写得颇有人情味。我接到的两封通知录取的回信都是以文章的形式书写的，像是面对面地口头上告诉应聘者，他们的工作需要知道的事项，包括：待遇细节、工作部门、职级、职位、工作内容、直接领导等，以及求职者来报到的日期、手续、必须缴交的文件数据，这给应聘者很温馨的感觉，很人性化！这比有些虽简单明了但却冷冰冰的制式表格offer多了些许温度。

4. 尊重应聘者在原公司的商业机密。在面试时，请应聘者说明过去的工作内容和经验时，对应届毕业生，因为大学的研究大部分是公开的，因此问得详细一点以确定应聘者是不是真的了解自己所做的论文，是没有问题的。而对已经在其他公司工作、想转来的，技术讨论就要慎重多了。虽然可以问个人工作的心得、体会、对专业的了解，但面试者绝不会追问应聘者在原来公司工作项目的细节，特别不可问原来公司的机密资料。否则这会让应聘者非常尴尬，不知要不要回答：答了就是泄漏原来公司的商业机密，不答又怕面试者不满意，影响面试成绩！因此，对还在职的应聘者的面试，双方应该事先多做准备，多一点技巧，不直接问目前从事的技术核心，要尊重应聘者和他原来工作的公司。进了英特尔后，我参加的公司管理训练的课程里介绍了这些规矩，因为如果所有公司都是同一态度，公司就不怕员工的流动使知识财产外流了！

我1978年3月到英特尔上班，距离1974年9月从中国台湾来美国进修，共3年半时间。上班初期，我利用业余时间把毕业论文完成定稿，装订好交给指导教授庞德教授和法里博士。两人签名认可后，6月我通过答辩，就可以正式和同时来斯坦福的同学一起毕业了，时间上没有落后。同时，因为我已找到工作，就向台大电机系申请终止停薪留职。我占了台湾一流大学的教员职缺四年，一直很是内疚。

我因为后来工作的经验，对于欧美把博士学位最后的答辩叫作defense深有感触。因为一位学者在受完正式教育后，要成为一位独立有创见的科技专业人，他公开发表的独到见解必须经得起考验，特别是在懂行的同行那里；若经不起考验，可能就是自己的见解仍不成熟、不完善，必须再次修正。因此在答辩以前，博士生先要对自己的文章反复论证，特别是接受同行的同学和指导教授的反复挑战，不但要关注理论和实验内容的原创性和正确性，还要注意上台表达时的方方面面是不是到位。我认为这是很好而且很必要的训练。

我这次的"defense"过程中有一个很有意思的插曲，就是在答辩的过程中，外系的答辩委员和我的指导教授法里博士互相激烈讨论起来，我旁观了大约20分钟，庞德教授取得大家同意后就宣布休会休息了。不久他就首先出来和我握手说："恭喜你，Nasa，你通过了！"然后其他的答辩委员也和我握手致意，包括法里博士。就这样，我的名字就按照斯坦福大学的传统，被埋在了大教堂边走廊的一块石板下——表明我是斯坦福大学1978年级材料工程及科学系博士毕业生！

这样，我从7岁开始的正规学校教育训练包括：6年小学，6年中学，4年大学本科，2年硕士，6年博士（其中2年在台大半途而废），共24年，加上服兵役1年，博士毕业时我32岁。此后，我就要开始为世界科技业贡献一己之力了。在这24年教育过程中，前面20年在台湾生活和受教育，花台湾纳税人和我父母的钱,合起来不知道是多少。美国接着给我4年研究助理奖学金,每个月是470美元,共约23000美元的生活费,加上4年博士生学杂费大概10万美元,全部大约12万美元。按当时新台币约30:1的汇率,折合大约400万新台币,就可以让一个呱呱坠地的婴儿在32年后以资深工程师的能力为美国科技界工作了!从培育人才的效益来看,美国这样做真是太合算了!

半导体行业的那些拓荒者

1968年,英特尔由肖克利实验室出来的"八个叛徒",也就是创建仙童半导体公司的八人之中的两个——戈登·摩尔和罗伯特·诺伊斯(Robert Noyce)——带上安迪·格鲁夫合创。三个人可以说是绝配,合作几十年到老,不离不弃:戈登·摩尔比较沉稳,作为董事长负责大方向;罗伯特·诺伊斯比较活泼,担任副董事长负责对外事务;安迪·格鲁夫重细节,担任总经理负责内部日常运营。三个人都是半导体专业的大咖,他们的成就有:戈登·摩尔的摩尔定律,罗伯特·诺伊斯发明的集成电路,安迪·格鲁夫写的享誉全球的教科书《半导体元件物理学》,他还写了《只有偏执狂才能生存》(*Only the Paranoid Survive*)等畅销书!

当时陆陆续续从仙童半导体公司(号称"美国半导体产

业的西点军校")离职的员工，创办的公司都反映出创办人的特性和专业属性：负责研发的上述三个人创办英特尔，什么产品都是他们最先开发出来的[DRAM、SRAM、闪存（flash memory）、CPU等]；负责生产的仙童半导体公司前副总裁查尔斯·斯波克（Charles Sporck）创办美国国家半导体公司（National Semiconductor），这家公司的同一个车间里能够同时生产不同工艺的各种产品；仙童的销售部门主任杰里·桑德斯（Jerry Sanders）带着几名员工创立了超威（AMD）半导体公司，其产品极为畅销，成为英特尔的强劲对手！

除此之外，硅谷还有很多大大小小的公司，它们共同孕育出集成电路产业链上的很多配套产业，包括材料、设备、软件和产品设计公司。集成电路产业链上的各种大小产品的开发进度，大家都不约而同地遵守摩尔定律，不敢掉队，生怕失掉这个技术节点的商机。就这样，整机的应用功能不断被提高，价钱不断被降低，越来越物美价廉，可以人手一台的个人电脑快速普及全球；整机性能提高之后，更促进了通信网络和大数据产业的开创和蓬勃发展，使得民智大开，也催生了很多新的产业，如各种无人操控的交通工具、电子支付、人工智能、虚拟现实等。人类文明大步前进！

第三章 天涯屐痕：就业记

在英特尔的工作

这样的成就主要起源于20世纪60年代，在硅谷开始的半导体材料的应用。在这里，人类文明的演进经过过去绝缘体的石器时代，经历导体的铜/铁器时代，到从硅谷出发的半导体的"硅器"时代！如今，我也参加进来了！

1978年3月，我到英特尔在硅谷的圣克拉拉（Santa Clara）第二代工厂（Fab）的关键技术（basic technology）部上班，一年后转到英特尔在利弗莫尔（Livermore）第三代工厂的SRAM开发部上班，一直到1981年7月离职换到帕洛阿托的仙童半导体公司上班，我一共在英特尔工作了差不多3年半时间。这是我第一次正式到一家上市公司全职工作，虽然很辛苦，但我获益良多。我在英特尔的年度考核的成绩不是很好，因为我从事的很多工作是在当时还不成熟的先进新技术的开发，还在试错阶段，设备和技术都还不成熟，实验进程屡受挫折，因此我一时没有出好成绩，而且还犯了一些错误，造成公司损失，但是我仍非常感念英特尔给我的伴随一生的工作知识和态度！

我很珍惜这份工作，我作为一个学理论的职场新鲜人，当时要在产业界找到工作，一向比动手做实验的同行更困难。但我很幸运，因为那几年世界半导体产业发展都很好，公司急需人手，部门也正好要找一位能写电脑程序的；我有晓明兄的介绍，用人部门的主管又是斯坦福大学同系学长。天时地利人和，我幸运地顺利被录取，和两位同期毕业做实验课题的同学一起进入了英特尔。

开始时，我在公司位于硅谷圣克拉拉鲍尔斯大道（Bowers Ave.）的工厂工作。这是英特尔继位于山景城（Mountain View）的第一座代工厂之后的第二座工厂。我在关键技术部的直接领导是诺姆·奥奎斯特博士，我的第一项工作是引进一套那时英特尔和加州大学伯克利分校电机系比尔·奥尔德姆教授合作开发的叫SAMPLE的软件，用来模拟在不同质材的薄膜界面上，不同光阻（photo resist）经过不同波长的单色光曝光和显影后，在薄膜上光阻边缘形状的变化。这对应用单色光作为光源的先进的步进光刻机很有用。有了SAMPLE软件，就不用做很多费时、费钱的实验而能很快地预测集成电路生产工艺最重要的参数、CD的精确度，以做适当的调整，这样就能节省很多技术开发时间和成本。

1978年左右，集成电路界在生产技术的概念上有了多方突破，使集成电路产业能继续遵照摩尔定律每两三年左右进步一代（CD缩小30%）的规律，从1978年的1.5微米缩小500倍（面积增加25万倍），进步到2020年的3纳米（0.003微米），并且还在延续，已经快20个世代了！下面是那一段时期集成电路技术几个最重要的突破：

1. 光刻技术（lithography）由投影式光刻机（projection

aligner）的全芯片扫描（whole wafer scan）进步到步进机光刻机的分步重复曝光（step & repeat exposure）。曝光的面积小很多，线条解析和图形对准（resolution & alignment）就小很多，这样，关键尺寸才能不断缩小。光源也由多重频率（multiple frequency）的多色光，变成单频（single frequency）的单色光曝光，大幅度提高了线条解析能力。

2. 刻蚀（etching）方面，氧化硅（oxide）、多晶硅（poly）、金属（metal）等不同薄膜的刻蚀，都引进了干法刻蚀（dry etch）取代湿法刻蚀（wet etch），以减少CD的缩小和变化。这样虽然会牺牲一些不同薄膜之间的选择性（selectivity），但CD偏差可以小很多，尤其各向异性干刻（anisotropic dry etching）对CD的掌握，比选择性几乎无穷大的湿刻好太多了。各向异性干刻和步进机两者，可以说是摩尔定律在集成电路业界能够一直走下去的绝对关键！

3. 薄膜成长技术用很多化学气相沉积（CVD）代替热生长（thermal growth），大幅度降低了薄膜生长的温度和时间，对结深（junction depth）和跑片周期（cycle time）的影响很大。

4. 掺杂（doping）方面，用离子注入（ion implantation）取代加热扩散掺杂（thermal Doping）。这对结深和跑片周期的影响同样也很大。

生产技术除了在设备使用的概念上做了这些基本的改

变，对应的间接材料如光阻、各种特殊气体、化学试剂、靶材的种类也增加很多，对纯度等规格的要求也更严格。

我在关键技术部同时参与评估各种光刻工艺设备。当时，使用步进机取代投影式光刻机的趋势正在萌芽时期，正可谓百花齐放，有GCA、尼康（Nikon）、佳能（Canon）、Sensor①、超科技半导体公司（Ultratech）、阿斯麦（ASML）及美瑞思（Memorex）等，不知道哪家会最后胜出。英特尔那时在集成电路技术上领先全球，为保持地位，在这一片混乱的情况之下，它决定对所有新设备全部进行评估，以免挂一漏万。各设备公司都买它的账。它的战略是协助所有设备公司在量产线上评估它们的新设备，但有一个条件：就是一旦证明哪一家的产品能成为未来标杆，其最前面的若干台必须优先满足英特尔的需要，不可卖给英特尔的竞争者，以继续维持英特尔长期的技术领先地位（后来台积电、三星和英特尔都投资ASML，是一样的战略）。

那时我负责Sensor机台的评估，另一位同事评估GCA和超科技半导体公司，生产线上则做其他机台的评估。我先用SAMPLE软件替大家进行工艺细节、光阻种类、厚度、底层薄膜厚度组合等的模拟，再准备上了光阻的样品晶圆片送到各厂家，用样品机台曝光和显影后，回来做各种技术评估。

---

① 该公司因产品研发失败，已停止营业。——编者注

这个过程中，为了正确使用SAMPLE来协助准备各种样品，我读了很多有关光阻、显影和步进光刻机的理论和实际操作的资料，获益良多，也对CD控制的改进有了很多心得。

当年因为所有设备公司的样品机台都还没有成熟，世界各集成电路制造公司评估这些步进光刻机的过程，真是"炼狱"。记得有位惠普负责评估GCA步进光刻机的同行，在当年国际光学和光子学学会（SPIE）年会上发表了一篇题名为《我和GCA步进光刻机一起生活了3年》（*I lived with GCA stepper for 3 years*）的报告，大吐苦水。步进光刻机确实是复杂的系统，那时整个业界的知识储备还不完整，机台常常坏，修复的时间又长，参与的人就一直不能出成绩，工作绩效考核不会很好。我评估的步进光刻机也一样，尤其糟糕的是Sensor公司位于远在欧洲的列支敦士登（Liechtenstien）！我准备好上了光阻的样品芯片寄过去，让对方做下一步曝光及显影再送回来，然而这一等就是两三个月，甚至就不回来了。这些事对我那段时间的绩效影响很大。

我的另外一个任务是评估步进光刻机的对准方式：是采用花时间比较多但是对准度比较好的局部对准（local alignment），还是采用比较省时间但是对准度比较一般的全局对准（global alignment）就可以了？

在连续两次曝光之间，有很多制程工序，如上薄膜、加热退火、高温氧化及各种刻蚀，都会使晶圆片从中心向不同方向产生并积累不同程度的尺寸变形（distortion）。这些变形要如何修正，以免两次曝光对准度不达标——是需要细致到每步进一次都做一次局部对准，还是在曝光前先只做一次全晶圆片大范围尺寸变形的测量，再反馈给机台，计算出横、直两个方向必须要修正的平均步进距离后，就以此平均步进距离连续步进到完成整个晶圆片的曝光就可以了？后者因为只做一次大范围尺寸变形的测量，花时间比较少，机台单位时间产出的片数会多很多。前者因为每步进一次都要做一次局部对准，完成一片晶圆片要多对准几十次以上，花的时间就会多很多，当然，对准的准确度会好很多，但是机台单位时间产出的片数就少很多。这对昂贵的步进机的经济效益影响很大，因此公司希望不必这样做。

这项工作是英特尔和一家叫Micro Mask[①]的光罩生产公司合作进行的。结果我发现，就那时CD1.5微米左右的技术节点而言，只要做全局对准就够了。我在1980年的SPIE年会上发表了这份结果。当然后来技术更进步了，对准的要求更高，就必须做局部对准了。这个项目让我了解到很多晶圆工艺整合的过程，以及过程中晶圆片形状的变化。这对我后来转到SRAM工艺组（process group）去做产品工艺整合的开发有很大的帮助。

---

① 该公司已破产。——编者注

第三章 天涯屐痕：就业记

我在关键技术部工作了一年后，转到SRAM group同样担任研发工程师（TD）岗位，直接领导先是晓明兄，后来是鲍勃·杰克曼（Bob Jecmen）。我和一位晚我一年的新晋工程师共同负责1.5微米NMOS[①]双多晶（double poly）64K SRAM的研发，他负责整个流程的前半部分一直做到完成三极管（transister），我接着负责从多晶硅电阻节流（poly load）[②]开始的整个流程的后半部分。前半部分的工作主要是各种器件（device）的特性检定，任务是器件由原来的2.0微米缩小到1.5微米的工艺细节的调整。后半部的工作主要是连接器件的导线、导线之间的绝缘层，并连接上下层导线的接触窗和最上面的保护层。这前半部分在设备方面，除了缩小CD要用先进的步进光刻机，其他的生产方式还是用传统成熟的模组工艺（module process），如高温二氧化硅/氮化硅/多晶成长、离子注入、干刻、湿刻等。前半部分的器件完成之后，后半部分工作主要是反复地铺上隔离导线的绝缘隔层、开接触窗，以及在绝缘隔层上布置导线，这都牵涉上述的当时最新的先进曝光、干法刻蚀、薄膜设备工艺。因此，前半部分制造流程使用的设备和工艺比较成熟，容易完成，但要做很多器件

---

① NMOS 意为N型金属-氧化物-半导体,拥有这种结构的晶体管即NMOS 晶体管。由MOS（金属-氧化物-半导体）场效应晶体管构成的集成电路，称为MOS 集成电路，由NMOS 组成的电路就是NMOS 集成电路，由PMOS 管组成的电路就是PMOS 集成电路，由NMOS 和PMOS 两种晶体管组成的互补MOS 电路即CMOS 集成电路。

② 即用极高的电阻（10亿欧姆级别）来节制流过SRAM 存储单元的电流量。

性能的测量、分析，进行工艺细节的调整开发。后半部分的进度就常常受到新设备和工艺不成熟的制约。

有一次，因为电浆增强化学气相沉积（PECVD）的新式介质薄膜技术还不成熟，我负责帮厂商试用和评估新设备，花了很长时间生产和寄送晶圆片半成品到设备厂商那里去做实验，又等了很久晶圆片才被寄回来。但晶圆片进炉管做高温退火（high-temperature annealing）后，薄膜因为应力关系，全部剥离凸起，成了泡泡，破碎了！不但芯片不能用了，碎片还污染了整个高温炉管，炉管必须清洗。这使生产线很不高兴，因为很影响生产效率。在刻蚀工艺方面，干刻取代湿刻固然大大地减少了CD的损失和变化，但是也产生副作用：选择性不好，会不同程度地吃掉部分底层，并会产生瞬间局部高电压打坏薄膜等问题，因此，前半部分转来让我完成后段的晶圆片，常常因此报废。当时还在摸索解决之道的阶段，我们只好多下晶圆片做实验，才能"前仆后继"，不必一再花时间从头做起。但是技术不成熟导致实验失败、进度延误，我曾经有18批工程批（engineering lot）在生产线上同时流动，每批又各有至少三个分批（split），很是复杂。我和技术员大部分的时间都在工厂里追踪和处理这些工程批，以确保它们能及时上线和避免被误操作（MO, mis-operation）。

为了做这么多实验，部门的大领导为我们这些一线工程师向生产线争取到每人每月可以投200片工程片的配额,即每周至少可以下一批50片的工程批。英特尔很注重实验的可重复性,因此要有很多相同的实验批先后下线,以确定新技术的可重复性有统计理论的意义,才能移交到生产线去试生产。也必须由少量到多量递增统计分析,寻找出宽紧合理、适合量产时电路设计的器件参数(device parameter)和布图尺寸的所有规则窗口(specification window),使产品不会因为设计得太紧凑而不容易生产,良率太低;或是因为太宽松而性能不能达到优化,并且芯片过大影响产量。一项新工艺技术的验证和引进,必须下很多批晶圆片,做很多实验,因此工程师为避免做无谓的实验,浪费时间和经费,都要先反复思考,包括借助像SAMPLE、SUPREME等模拟软件先模拟得有把握了以后,才投下分批实验晶圆片,希望出来的结果能很快符合自己的期待。

  公司有一个很好的制度,我认为对技术研发很有帮助,就是技术员(technician)制度。公司会根据工程师任务的轻重,安排一到两位有生产线经验的技术员协助推动工作,我很幸运地也有一位很能干的技术员帮忙。这些技术员都是从生产线优秀的资深操作员(operator)选拔上来的,经过特别训练。他们在公司工作多年,都是在生产线上通过多种不同模块工艺的机台操作训练认证过的,对公司生产工厂内的种种问题、人脉、规矩等都非常了解,对于我这种刚进工厂的菜鸟制程工程师而言，帮助很大。我只要决定每次投片要实验的分批后，把任务交给他们，他们就会领出晶圆片来，按我的实验分批布置投片生产，然后在生产线上追踪所有投片的进程，定期向我汇报情况。必要时，我才进代工厂和他一起做必要的处理。

我刚到公司时，对复杂的工厂生态什么都不懂，投片后要在代工厂内寻找并处理自己的实验批，这让我常常不知所措。这时，我只能跟着他们，虚心向他们学习，才可以很快进入状态。我就是这样成长起来的。到现在我仍然非常感激美国公司里的这些优秀的技术员，我觉得和他们的关系是伙伴，而不是领导和部属。他们对工厂的情况见多识广，很有耐心，也很专业。他们对到美国不久的外籍工程师常常问东问西，但只有好奇，没有歧视，给予了很到位的协助，让他们很快进入状态、完成任务。我认为，美国高科技产业当时能领先全球其来有自，值得学习！

我在英特尔的"胡作非为"

英特尔是我进入高科技产业的第一份全职工作，能在这当时全世界集成电路第一名的公司工作，真是幸运，英特尔真的替我交了很多"学费"。我在代工厂内工作虽然已经小心翼翼，如履薄冰，但还是犯了一些低级错误，我想我这一辈子都不会忘记。这也让我后来管工厂时对待年轻员工犯错，只要对方不是故意的，都特别宽容。

在学习高温炉管操作时，技术员先示范给我看怎么做。那时设备尚未完全自动化，晶圆片要放在硅舟（boat）上，用一支细长、前面有个烧上去的钩子的石英棒（quartz rod）推进去再拉出来，操作时常常会把钩子弄断。虽然钩子可以再烧上去，但炉管已经弄脏，必须停下生产、降低温度到室温后，才能把炉管拉出来清洗。炉管很长，很不好处理，清洗很费时间。我虽然很小心，操作时也复诵技术员玛丽·安（Mary Ann）给我提示的重点，但是第一，我还没深切体验钩子和硅舟挂上后的手感；第二，拉出来时，硅舟经过1000摄氏度左右的高温制程后已经和炉管管壁产生熔接，要先略微动一动让硅舟松动，才能平稳地以固定速度慢慢拉出，而且操作时石英棒要尽量放平，以免因为产生太大的摩擦力而受损。结果，我还是把石英棒弄断了几次，害得生产线停下花长时间清洗。直到我终于完全掌握要领后，才不再发生这种尴尬的事情。

另一次更令我无地自容。我有一批货刚完成隔离（isolation）模组的氮化硅曝光和干法刻蚀步骤，上面还有光阻。这时正好是午餐时间，大部分代工厂的操作员都出去了，我因为急着赶货，一时不察，鬼迷心窍地就把整批还带有光阻的晶圆片拿到热磷酸槽中去做去除蚀残留的氮化硅步骤。

结果整个酸槽冒出很浓的黑烟，久久不散，工厂内警铃大响。大家都来查看是怎么回事，发现原来又是那个菜鸟工程师做了一件糗事！虽然如此，他们也只是笑骂着马上按照操作规则（SOP）把问题处理了。

事实上，我应该把那些显影出来、氮化硅干刻后的晶圆片（1）先做电浆去光阻，（2）形成场氧化层，（3）湿刻氮化硅上长出薄薄的二氧化硅后，（4）再去做去除湿刻残留的氮化硅的步骤。结果我跳过步骤（1）至（3），直接做了步骤（4）！我犯了这么大的错误，给生产线造成很大的麻烦，生产线相关负责人却没有苛责我，只是从此以后我在生产线上多了一个"screwzer"（捣蛋鬼）的绰号。技术员没有埋怨我，领导也没有斥责我，更没有罚我钱，维护了我的尊严！当然，我想这多少影响了我的业绩，但我认为这是"必须的"。

我感触良多，英特尔这个当初由工程师创业起家的公司能这么宽宏大量，我想这大概也是由于他们自己曾感同身受吧！年轻工程师是在错误中学习和成长的，只要他的错误不是不道德的，也不是故意的，事后能认错并照规定程序处理错误，是应该原谅的。这也提供案例让工厂研究如何避免这种无心错误再次发生，写进SOP使之更完善，不会有"二过"！

后来茂硅建厂时，我也遇到部门里的工程师不小心犯了错。这错是看不出来的,他若害怕被处罚不说,是很难查出来的,但是当他发现误操作时,马上按照生产线上的SOP标准处理程序处理完善后,来向我汇报。我也像在英特尔时的领导对待我一样,先问他处理后的结果是否确定没有问题了。我发现他处理得很专业,还口头嘉奖了他一番,没有追究这次错误。我不能认同的是,后来听说有些公司一遇到有人犯错就处分罚钱,处罚的理由是"不这样的话工作人员会不把犯错当作一回事"的"性恶说"。但我宁可相信"性善说"——很少有员工是故意要把工作搞砸的。我认为,管理者要让工作人员有尊严地、开心地工作,爱公司,享受工作,管理者要相信他们都是用心想做好工作、让公司成长的,这样他们自己也能保有一份稳定的职业,赚钱生活。在现实中,凡是人都不免犯错,要鼓励员工犯错时按照标准程序处理以恢复生产,不要隐瞒不报,造成更大损失。

在像英特尔这样以技术取胜的高科技公司里,确实还有很多可以学习的地方:

1. 对员工的培养方面。公司提供各种培训课程,讲师都是公司里学有专长、实践经验丰富的专家,或是公司外的教授、学者。员工只要自己时间允许,就可以向领导申请去参加。这些课程有些可能和自身工作的专业有直接关系,有些是别的部门的成果报告,可以学习、参考来配合自己的工作,也有企业管理各方面相关的知识,可以丰富自己的见识。

另外，员工自认对自己有用的文献或是内部的报告，公司允许员工自由复印以便参考，不加限制，只是内部的报告不可外传。公司有很多国际知名的专家，都很愿意指导后进，甚至会停下自己的工作和员工讨论各种问题，知无不言、言无不尽。双方不管是否认识，只要是公司员工，专家都愿意以平等的态度讨论，没有一点架子，也绝没有盛气凌人的"霸气"。各种内部的工作报告会议，大家也都能客观地热烈讨论，气氛真的很好。英特尔在科技产业取得成功有其道理。公司也很大气，每个季度，部门的领导（大概高我这个资深工程师职务至少四级的领导）会向本部门的同人说明公司的运营状况，好的、坏的结果都讲，非常透明，让大家知道要如何和公司的政策打配合。

2. 公司非常信任员工，尊重员工的尊严，员工也珍惜自己的声誉。比如我离开公司时，除了自己带进来的一些参考书籍和私人东西，公司的技术资料，我只带走了一些从公开文献上复印的文章，供以后参考，没有带走任何我自己或其他同事在公司内发表的研究报告。我相信其他同事也是一样。后来听说有些公司在员工离开公司时，会先将其挡在办公室外，由公司警卫和同事代为收拾打包纯私人物品，不能自己收拾，就是怕公司的机密资料被带走，做法类似"扫地出门"。我想公司会这样不尊重曾经的员工，大概是曾经有人滥用并伤害公司信任员工的美意，使公司蒙受损失的缘故吧！

3. 在员工福利方面。英特尔的工资比硅谷平均水平高一点，每年还依照公司的运营状况和每个人的表现调整工资，平均薪资涨幅在5%；并且给予股票期权（stock option），公司以之前一段时间的平均股价让员工购买股票，经过一定时间后，员工就可以根据自己的需要出售股票，赚取差价。因为一方面公司在成长，股价总体上一直在涨；另一方面，员工为了使公司更好，以使股价上扬、自己赚得更大的差价，分享到自己的努力让公司成长的成果，都会努力奉献。因此，在非豁免（non-exempt）员工①（如操作员、技术员等有加班费的员工）以外，工程师虽然属于豁免（exempt），是没有加班费的，但这并不影响大家努力贡献自己的热忱，因为努力的成果自己享受得到。大家都不想扯别人后腿、浪费公司资源，都想提高公司利润，使股价不断上升。

4. 外籍员工主动卖力工作。公司员工有很多新移民，根据观察，当时在美国加州的制造业企业里，员工的组成除了美国本土公民，有很多是新移民。虽然没有正式的统计资料，但依我的感觉，工种和族群的分布有些关系：操作员很多是东南亚（特别是越南）移民；技术员多是墨西哥移民（很多本来就是美洲原住民）；工程师多是中、韩、印移民；低阶、中阶经理很多是印度移民；高阶经理很多是英国移民；董事

---

① 指有最低工资待遇且可申请加班费的员工。

则多是犹太人。我们这些从美国大学毕业的外籍工程师工作都特别努力、稳定，因为必须保住工作至少到公司把自己的绿卡办下来，以后才能在美国长期工作。不过留下来的日本留学生很少，申请绿卡的更少，他们多数回日本工作。因为当时日本工业已经很发达，需要很多人才，而且日本企业职位的升迁按照在公司的年资多少决定，出国留学则年资中断，出国太久，回去以后以前的同事可能就变领导了！

另一方面，外籍工程师很多来自科技相对落后的地区，原本哪有机会使用这么先进的设备，获得这样人才济济的工作氛围？对于一个年轻工程师来讲，公司花钱请你来用最先进、最昂贵的设备，这么好的事，加班加点算什么？大家都是自动自发的。尤其是工程师的待遇在美国社会已经是中上阶层了，大家哪里还会讨价还价要加班费？工会维权就更是不必了！这种思维也与美国东部和中西部传统产业员工的思维有着根本不同。

我们这些留学生工程师这么努力，美国本地的工程师也不遑多让，很努力、很杰出。原来我在中国台湾，大家都觉得美国社会好像到处歌舞升平、只会享受，其实那是电影用来吸引观众的剧情。美国人尤其是中产阶级，大多数是淳朴、善良的，也都很聪明、努力、自信，有很多杰出的技术人才。因此，大部分新思维、新科技是从美国开始的，目前其他国家的很多企业充其量是一个紧跟在后面、表现不错的跟随者

（close follower），我们的创新能力还要多多加紧提升的。

总之，企业好好地对待、尊重和培养员工，员工自然会自觉地努力工作。

我1978年去英特尔的第一年，正好是公司创业十周年纪念，公司举行了很大的庆祝活动，其中有抽奖项目，一等奖是一辆新车。抽完奖后，我因为小孩托人照顾的时间快到了，就先回家了。结果第二天到公司，一直参加活动到结束的一位同人很兴奋地告诉我，我得了二等奖——两张到加勒比海旅行一个星期的邮轮票！后来我因为工作忙，拖了好几个月才请假，把小孩托朋友照顾后，就和育南一起去旅游了。我们先在迈阿密上船，前往波多黎各、多米尼加等地，第一次坐邮轮体验加勒比海优美的风光！

我入职英特尔后，公司马上帮我办绿卡，请假旅游前，我的绿卡下来，我就着手也帮育南和两个孩子也办了。不过除了孩子因为要在美国读书及工作而办了入籍，我回中国台湾创业后很少再去美国，所以育南虽然也申请到了入籍资格，但我们两人最后都放弃了绿卡。

为什么留学生回流的比例那么低

留学生经过十几年的努力学习，在年轻力壮、二十几岁时，以初生之犊不畏虎、走南闯北的勇气来到美国这陌生的异国他乡，又经过一番努力学习之后，找到一份合意的工作，已经到了买房、结婚、生子的年龄，从此以后，在家庭的负担、工作的压力下已经筋疲力尽了。随着孩子上学，他们自己的工作也上了轨道、有点小成就，熟悉并融入了当地的生活环境，无形之中，故乡渐行渐远，他乡慢慢变成了故乡，自己也完成了由二十几岁青涩青年成为三四十岁成熟壮年的洗礼。这时候，想要回到离开多年、渐渐不再那么熟悉的故乡去报效祖国的念头，已经渐行渐远了！

再经过另一个十几年，终于等到孩子上大学，可以学西方人把他放飞，自己经过多年的积累也已经实现经济独立，可以考虑各种过去不能想的事情了。但是，更多的岁月和经历已经使步入沉稳的四五十岁的中年凡事懂得深思熟虑，不再像年轻力壮二十几岁时有说做就做的冲劲了。瞻前顾后，要再去"新的"异国他乡（祖国）找个合意的工作，好像难多了！终于，中年人会想着一动不如一静，现在自己不像初入职场时那样战战兢兢，对工作已经得心应手，很容易出成绩了，辛苦这么多年，不就为这个"得心应手"吗？就不要再折腾了，过去不能想的就不要再想了，守着这些年来的战果，和人生战友老伴一起看着孩子像自己当年一样成长，一起欣赏这无限好的夕阳吧！

于是，各国又少了一个（一对）归国的留学生！

硅谷漂泊史和住房的变迁

我一毕业到公司上班,就马上用育南工作积累的存款做首付,加上银行贷款,在硅谷的森尼韦尔买了一幢三十几年的老房子。我当年放弃在中国台湾"土生土长"的执着,决定赴美留学,最主要的一个驱动力就是在台湾可能一辈子都买不起自己的房子。如今我终于在美国有一幢属于自己的房子,不用付房租住别人的房子,有了立锥之地!我买房时的总价是13.5万美元,付了首期后要开始供房贷,生活比较拮据,全家甚至睡过一段时间的地板。幸好后来育南也找到在英特尔当程序设计师的工作,两人合起来收入增加了,生活才渐入佳境。我们运气很好,房价涨得很快。后来我因为转到英特尔在利弗莫尔的工厂工作,离森尼韦尔很远,每天上班要走很长的山路,很浪费时间和生命。因此决定把森尼韦尔的房子卖掉。拿出卖房后溢价的现金当作首付,我们在费利蒙买了一幢价值25万美元、面积大很多、房龄仅四五年的新房子。这时我们两人的收入加上股票期权积累了一些钱,因此房贷虽然高了不少,也还负担得起。

费利蒙在硅谷的郊区,环境很好,附近有圣何塞学校,也有一座很古老的圣何塞天主教堂。我每天沿84号公路开车去利弗莫尔上班,比从森尼韦尔去近多了。

1981年,我离开英特尔,应陈正宇博士(Peter Chen)邀请加入在帕洛阿托的仙童半导体公司后，又搬回靠近较硅谷中心的库比蒂诺，买了一幢50万美元左右的房子。后来我回亚洲创业，因为主要在台湾地区工作，孩子也都在外上大学，育南就回台湾和我一起，这房子不幸租给一家恶劣的房客。我们不堪其扰，最终下定决心以150万美元卖掉了房子。后来过不了几年就到了互联网发展的年代，我在台湾时听说，这房子以300万美元换手了，十几年的时间，房价就涨了6倍。

顺便聊聊房地产经验

从我1972年服完兵役进入职场开始，亚洲"四小龙"和日本、欧美对第二次世界大战破坏后的大规模建设，已经初见成效：日本制造业发力；中国台湾地区依靠农产品、劳动密集型加工业和"十大建设"。这也促成了这些国家和地区房地产产业蓬勃发展的第一棒。1978年我回台湾时，美国的硅谷、日本、韩国，以及中国台湾的集成电路及其上下游周边许多相关产业蓬勃发展，接跑第二棒，维持着这种繁荣。到了21世纪，互联网相关产业逐渐成熟，接跑第三棒一直到现在。可以说，二战后的经济建设、集成电路产业、互联网产业，使得这些国家和地区对房地产的需求一直保持稳定且快速的增长，也使得房价快速增长。

我在上一节里说明的我的这些房地产买卖的数字，目的在于说明房价变动的巨大,给我这个初出茅庐的、"理智"的理工人多么大的震撼!不用做什么,同一幢业已成形的钢筋水泥的价值,不到10年就可以增值近10倍!这是我亲身体验到的当时美国硅谷的经济情况,也是很多人的房地产经验!

离开美国回中国台湾工作后,我发现当时台湾的房地产也同样劲爆。只是我开始时的工作主要在日本、韩国和中国香港之间轮流跑,家庭又暂时还在美国,于是无暇顾及在台湾买房子的事,无缘参与盛会。直到1993—1997年我在茂硅负责管理6英寸厂、建设茂德科技8英寸厂时,育南也离开美国回中国台湾定居,我们才在台湾交大新校区大门口对面的梅竹山庄买了房子用来居住。

1997年初离开茂硅后,我创立新思科技、协助推动无锡华晶上华半导体有限公司——华润上华科技有限公司的前身——发展,2000年底到上海张江高科技园区的宏力半导体制造有限公司工作。此后不久,育南把新竹的房子卖掉,来到上海和我一起住在公司提供的宿舍里。2002年,我们在张江地铁站附近买了房,打算以后在上海落户长住,当时暂时空着没有住进去。次年,位于浦东新区的出入境管理局附近迎春路上的联洋新苑建好后,我也学着其他卖房获利的人,卖掉地铁站附近的房子,改买了联洋新苑的新房,一直住到2010年我从上海北车永电电子科技有限公司(北车公司在上海的IGBT半导体功率器件的设计公司）离职，去湖南协助推动长沙创芯集成电路有限公司。2014年，我从公司退休，叶落归根，回台南住进了事先托人帮我买的公寓。2004—2006年在中纬积体电路（宁波）有限公司工作期间，育南也曾经买卖过房地产，但回上海后因为管理不易，我们就早早收场了。

　　以上说了这么多有关房地产的琐碎事情，是因为我作为一个平头百姓，财务上占生活需求比例最大的就是住房，而我开始工作后，最感到惶恐的就是恐怕这一生会落得无立锥之地！加上我主要工作和生活的地方是美国（特别是硅谷）、中国台湾和大陆，还常常搬家，而这三个地方的房地产又都发生了天翻地覆的变化，其变化之大可谓惊心动魄，对于我这样一个力争有一立锥之地的平头百姓而言，我一生交易过的房子差不多有10套，当过房客、房东各几次，身历其境对我的影响是巨大的、感受是深刻的，因此不得不记上一笔。

·· 入职仙童半导体公司

　　在英特尔工作的这段时间里，我真的学到很多，也对公司把SRAM制程从2.0微米提升到1.5微米、容量从16K提升到

64K的工作做了一些贡献。但是如上所言，因为我负责的都是当时划时代、最先进但还不成熟的工艺模组，因此我遇到了很多挫折，进度缓慢，造成业绩考核不佳。这对刚入产业的我来说，难免让我心情有些忧郁，遂有跳槽之心。

这时候，正好森尼韦尔家附近的一家小公司Nitron换了一个犹太人老板，总经理也换成了一个华裔美国人，他们想要引进SRAM工艺作为其他逻辑器件的工艺基础。这时，正好有三位来自中国台湾的留学生离开AMD开公司生产SRAM。他们和Nitron一拍即合，双方签约，技术给Nitron，交换条件是三人可以利用Nitron的设备试产样品，做出来后再募集下一步需要的资金，自己建厂。Nitron公司太小，没有什么人才，必须再找人来承接；我去应聘，经验正好对口，就被录取了。

我是在1981年3月左右向英特尔辞职后才去求职的，被Nitron录取后可以马上上班。接到offer后，我本来打算下周一就去上班，但是当时刚刚从英特锡尔（Intersil）跳槽到仙童半导体公司、在帕洛阿托的研发中心工作的Peter不知怎么，就打听到我已经离开了英特尔，于是在前一周的星期五晚上约我详谈。他告诉我，法国的油田技术服务公司斯伦贝谢（SLB）已经并购了仙童半导体，打算重振其MOS类集成电路产品的雄风，正在招兵买马，已经有很多英特锡尔的工程师去参加面试了。他认为我当时三年的历练还不够，应该再多多锻炼，不宜仓促加入小公司，负担整个公司成败之责。

他在新公司正好负责CMOS SRAM内存产品线的开发，设计部经理已经有了，正在找负责制程开发的经理，他希望我加入他的部门。他认为，仙童半导体被斯伦贝谢并购后财力雄厚，有足够的财力支撑昂贵的技术开发。我在这个新部门的生产工艺方面可以独当一面，不只负责流程的后半段，而是负责全部流程的开发，且是开发比英特尔使用的NMOS更复杂、更先进的CMOS工艺。我被他的热心和理论说服了，只好在星期一一大早打电话给Nitron，向他们道歉说自己不去了！我觉得这件事上耽误了对方，心里很过意不去，但是从此，我的人生轨道完全改变了！

在仙童半导体的见闻

1955年，成就了"20世纪最伟大发明"的"晶体管之父"肖克利博士，离开贝尔实验室返回故乡，创建了"肖克利半导体实验室"，位于帕洛阿托的机构是他们最初的研发中心。因仰慕"晶体管之父"的大名，求职信像雪片般飞到肖克利的办公桌上。实验室的员工中有很多位成为世界半导体产业的拓荒者和引领者，因此后来的仙童半导体公司拥有很多半导体方面的专利。尤其是肖克利口中的"八个叛徒"在半导体行业各有建树。他们分别是：罗伯特·诺伊斯、戈登·摩尔、布兰克（J. Blank）、克莱尔（E. Kliner）、赫尔尼（J. Hoerni）、拉斯特（J. Last）、罗伯茨（S. Roberts）和格里尼克（V. Grinich）。

硅谷作为美国很多半导体公司的发祥地，仙童半导体更是在其历史上留下了浓墨重彩的一笔，故有"美国半导体产业的西点军校"之称。创始人会在很大程度上影响一家企业的基因，仙童半导体这家公司就善于研发，但不善于把研发成果转化成可以获利的商品。一直以来，它在双极（bipolar）工艺和分立器件（discrete devices）方面的经营还好，但在MOS工艺方面的运营一直不佳，也正因此，整个公司长年亏损，1982年被斯伦贝谢公司并购。

斯伦贝谢公司当年是世界从事石油钻探工具制造和销售的领导者，曾被评为全世界经营绩效第一（不是之一）的公司。那年它为了扩充企业经营范围，收购了仙童半导体，打算重振其MOS雄风，因此在帕洛阿托的研究实验室成立MOS产品线，很大气地同时要开发包括DRAM、SRAM、非易失性存储器（non-volatile memory）和逻辑（logic）等在内的所有MOS内存和逻辑器件。

在仙童半导体，我在Peter领导的SRAM组里负责工艺整合的开发。当时MOS工艺正在由NMOS或PMOS工艺转到两者兼具的CMOS工艺的阶段，主要目的在于减少功耗。我在英特尔做的是NMOS，现在要加上PMOS，整个工艺复杂很多。我套用做博士论文时"无中生有"的方法：从文献大量收集相关资料，经过整理、分析、总结、延伸成完整的工艺整合、预测（推断）所有主要器件参数和模块工艺合理的设计和生产规格，以及做光罩需要的布图规则（layout rule），最后再用SUPREME软件加以更深入详细的理论论证，确定所有关键技术节点合适的数值和可容许的偏差（variation）范围，提供给设计工程师设计和布图的依据。

人工数据技术的运用——大数据时代的黎明

在仙童半导体我负责从头开发当时最先进的1.2微米64K CMOS SRAM的工艺整合时，我的上述操作过程，不正和现在的大数据技术相通吗？最先的收集现存资料，就是数据挖掘（data mining），接下来的整理、分析和总结就是数据分析（data analysis），最后当然是完成目标或成品。在数据挖掘的过程中，要能找到需要的资料，并且判断真伪和是否有用；在数据分析的过程中，要能理出来源不同的资料之间的关联性、重复性，特别是和理论的契合性。并在这些数据的基础上，延伸出创新、先进的生产技术和新产品，最后在生产线上量产，以验证其实用性。

现在半导体产品的先进技术，表面上看起来复杂深奥，事实上很多技术已经包含在云端的数据库里面。因为长期以来，已经有很多业界先驱以各种物理变量（如CD、电压、功率等）为基础，做出方方面面的研究成果，并发表在各种文献期刊里（构成现在数据库的一部分）。这些有用的研究成果，因为每一代都以等比级数的速度在积累而不断变得更复杂、更深奥，然而相邻两代之间技术的延伸并不大，加上现代云端技术的不知疲劳和快速，如今寻找、收集和运算数据的数量和速度，是过去在图书馆人工进行所不能比的。运用现代技术，不但减少了时间的消耗和浪费，资料的整理、分析和总结还可以更严谨、精准，这些都加快了新一代技术的推导和验证。大数据技术难以代劳的，只剩下实实在在、周而复始地做出一片一片市场接受的新产品了。这也是我在仙童半导体时面临的最大挑战——开发成果如何商业化。

整个硅谷都是我的工厂

20世纪70年代末期是集成电路在生产技术方面多点突破、关键技术各节点上一个台阶的年代，是现代工艺概念的滥觞。仙童半导体要重新开启MOS工艺，必须购置各种用于开发的新设备。我把新的整合生产技术流程的理论论证好，要做实验流片时，工厂里必需的设备甚至还没有买齐！只有黄光模组曝光用的GCA步进机和显影设备是到位的，但也还没有验证过，其他设备都还没有进厂。

为了尽早完成试产新样品的任务，让大家早点评估新设计的产品，我打听到，当时硅谷有多家公司愿意接受付费替需要的人做模块工艺，作为权宜之计，我几乎把整个硅谷当成了一家像台积电一样的晶圆代工厂：除了光刻的步骤在自家工厂做，我带着芯片满硅谷到处找不同的公司，付费做不同的模块工艺，包括高温扩散、离子注入、干/湿法刻蚀、化学气相沉积、物理气相沉积（PVD）等各工序，都在硅谷其他公司做，消耗了不少汽油。这样虽然辛苦耗时，但也让我更深入了解了硅谷集成电路产业的生态，也使我在公司里设备安装完之前，就论证了1.5微米CMOS 64K Double-Poly SRAM的生产工艺，协助设计工程师验证了电路设计。设备齐全后，我们可以马上进入小批量工程实验批生产、提升良率和可靠性（reliability）这些批量生产前的必要步骤。

这整个过程很具挑战性，很辛苦，但我也因此获益良多，特别是能够亲身体验开发全新工艺技术的方法——从收集资料到资料整理、分析，大胆客观地从理论上判断所有主要参数的规格目标，小心地根据目标样品验证各种判断的准确性。这就像画素描时画好轮廓后不断修正细节，直至尽善尽美。因为是CMOS原创，整个流程的几百个步骤的建立过程中，我除了要考虑个别步骤的必要性、单元操作菜单（recipe）细节及规格，还要考虑前后步骤之间的互相影响。这里面涉及很多专业学科，是设备和整合工艺之间很复杂的系统工程。这使我不但知道了要"怎么做"，更让我知道了"为什么"这几百个工序要这样做。如此，我在后来转移技术到不同工厂时，就知道要如何调整整合工艺的细节，才能和不同工厂同一功能的不同设备做最好的互换，以顺利地转移技术和产品给不同客户。我经历过的三代、五家公司技术转移，包括：1. 创业时在美国Nitron开发及转移的1.5微米16K full CMOS SRAM，这一技术后来也转移给了日本富士电机；2. 在台湾联华电子开发及转移的1.2微米64K double poly CMOS SRAM，后来也转移给了韩国现代电子；3. 在联电开发及转移的1.2微米256K double poly CMOS SRAM，后来也转移给日本夏普。虽然上述各工厂使用的机台的品牌或型号很多都不一样，但是都能适当修改掩膜版和制程细节让试产第一次就成功，马上进入良率提高和可靠性验证的阶段，准备批量生产。

这些历练也让我后来在茂硅和华智合并后，能很顺利地接受其他公司转移过来的DRAM产品和技术，如1993年由日本冲电气公司转移到茂硅6英寸厂的1.2微米256K DRAM，1995年德国西门子转移到茂德科技8英寸厂的0.5微米1M DRAM，2001年由日本冲电气转移到上海宏力半导体的0.13微米4M DRAM等，都很快转移成功了。这是因为我对工艺的细节不但知其然，而且还知其所以然，因此从不同生产设备组合转移过来时，我知道如何调整工艺或设备就能生产出性能相同的器件和产品，很快就能进入量产。

斯伦贝谢在仙童半导体的失败

斯伦贝谢刚刚入主仙童半导体时，总部派来一位年轻杰出的CEO来领导公司。这位新CEO的学历非常优秀：文是哈佛大学MBA，武是西点军校毕业军官，年纪很轻，四十岁出头，留了一个标准的军人的小平头（crew cut），非常精神。但是上班头几天，他就惨遭打脸：因为斯伦贝谢的人员进来以前，仙童半导体公司内的人对相关情况不清楚，导致小道消息满天飞，很多人辞职跳槽。因此，这位CEO一来就先宣扬斯伦贝谢公司的成就，并说明斯伦贝谢的成功是因为以人为本，特别注重人性化管理。话锋一转，他说：仙童半导体的员工如果对现在的工作环境不适应，公司会尽力安排其转到适合的部门，但是如果从公司辞职，仙童半导体就永不再录用！

此言一出，第二天公司人事部门就收到了如雪片般飞来的员工辞职书，美国西海岸硅谷的科技人，给这位来自美国东部的旧职场"贵族"来了一次震撼教育！硅谷科技人是不接受威胁的！要知道，当时整个硅谷半导体产业非常蓬勃，就业机会很多，半导体企业对员工本来就非常照顾，员工根本没听说过工会；不像美国东部传统工业区，员工要依靠工会来保障权益、争取福利，工资更像是老板或经营层给员工的恩惠。我想，这主要是东部工业区以传统企业为主，工作比较简单，容易被取代，而硅谷的高科技工作，科技含量和劳动附加价值都高，合格的人才不容易找，企业不用员工争取，都要想尽办法留住好员工，好替公司生财。而且高科技是朝阳产业，员工即使一时失业，只要有一技在身，很快又能找到新的工作——甚至快到离职金还没用完呢！

因为领导的本行不是集成电路，加上两种产业——集成电路制造和石油钻探工具制造——本质上虽然都是科技制造业，但生产的产品数量和专业大相径庭，因此斯伦贝谢原来引以为傲的成功经营方式，仙童半导体不见得能全部套用。同时，斯伦贝谢可能错估了形势，又不巧碰上集成电路产业生产技术几乎全面更新换代的时代，更先进的生产设备和工艺尚未完善，因此产品开发和生产爬坡进度缓慢，必须一再投入大量资金。结果，仙童半导体成为斯伦贝谢很大的财务负担，坊间不久就不时传出斯伦贝谢支撑不下去、可能要放弃仙童半导体的传言。当时公司里流言四起，小道消息到处飞，是中午员工午餐休息时的主要话题。大家准备"跳船"了。随着仙童半导体的情况急转直下，公司里很多工程师陆陆续续离开，加入硅谷其他公司，像英特尔、美国国家半导体公司等。我和Peter所在的内存开发部门的大领导欧先生，则去创业了。

··北美创业记

欧先生获得美国创业投资基金的支持,乃辞职创业,公司取名Vitelic(华智),取"very intelligent IC"的开头几个字母,英文直译是"非常聪明的集成电路",中文意思是"华人的智慧"的意思。新公司以开发及生产DRAM为主,其他内存先不考虑。不知道是不是因为这个原因,Peter决定和华智分道扬镳,另起炉灶,主张以开发及生产SRAM为主。之所以选择SRAM,是因为SRAM是大部分逻辑器件的基础,以后的发展空间比较大。我和原来组里的搭档、设计工程师许奇楠(Mark Xu)都参与创建了他的新公司。这家公司取名Mosel,中文名是"茂硅"。英文取自MOS Electronics,表明公司生产产品的工艺用的是MOS工艺;中文是英文的谐音,也有把硅材料的产品做"茂盛"的意思。

创立茂硅

创业初期,茂硅没有创投基金或其他投资机构青睐,启动资金靠着三个人拿出自己的积蓄，以及亲朋好友的支持，一共筹措了93万美元，这才开始运营。

三个人在森尼韦尔租了一间约80平方米的办公室，开始创业。公司的经营战略是由简入繁，同时避免让人觉得有侵犯原公司知识产权的嫌疑，因此不做与仙童半导体相同的1.5微米64K double-poly SRAM。我们从流程比较简单的1.5微米16K full CMOS SRAM开始，站稳脚跟后，才根据摩尔定律逐步提升技术层次，降低产品成本，并进入其他逻辑器件。

因为工艺比较简单，当时不同时期的各种专业期刊，如《电化学学会志》（Journal of the Electrochemical Society）、《物理评论》（Physical Review）、《物理评论快报》（Physical Review Letters）、《表面科学》（Surface Science）中挖掘出相关文献后，取长补短，不足的部分用SUPREME软件论证一下，整个工艺整合流程就八九不离十，是一套完整的6T[①] CMOS SRAM的工艺整合流程了。

我用同样的方法完成了合适的全部工艺流程后，手绘各关键生产节点的关键位置，根据相关关键尺寸和对准

[①] T指晶体管（transistor），6T SRAM存储单元的节流是用PMOS，有别于上述多晶硅电阻节流（poly load）存储单元的节流（用电阻值极高的多晶硅）。6T SRAM 由 PMOS 和 NMOS 组成，可以同时做在同一平面上，而 poly load 存储单元由 NMOS 和多晶硅电阻组成，要多一层多晶电阻，工序比较多，剖面也比较复杂，好处是存储单元占的面积比较小，单位面积可以放更多的存储单元，符合摩尔定律的需要，但是消耗的电流比 6T SRAM 大。因此如果内存用量不大，大部分需要内存的逻辑、消费产品的内存都以 6T SRAM 为主。

（alignment）精度容许偏差下的三维剖面图（3D cross-section），判断各模组工艺的规格、设计布图的规则，以及所有重要的器件参数，等等，给设计工程师提供产品电路设计时依据的仿真数据（simulation file）。

在这过程中，我也用SUPREME软件对工艺流程和器件参数做了模拟，对各数据做更仔细的微调，以避免任何意想不到的错误。总而言之，就是"把自己当作工厂"，假设我有可以看到原子的眼睛，一路上看着原子如何在一块平滑的硅单晶表面上一层一层堆叠，一点一点将其刻蚀成一块"有灵性"的集成电路芯片！

公司伙伴许奇楠把产品16K SRAM设计完成了之后，我就接棒把产品的实体做了出来，但是我们自己没有工厂可以生产。这时，我想起了我三年前离开英特尔时本来要入职的Nitron。那时硅谷有很多新公司成立，在这些公司建好自己的工厂前，Nitron的生产线就成了这些新公司产品的孵化工厂。

在我离开仙童和同事合伙创立茂硅时，这些和Nitron合作的新公司中，除了前面说过我原来要去接受技术的新公司已经完成阶段性任务、募得资金建工厂，还有一家叫作Excel、制作EEPROM的新公司已经租了Nitron的工厂做样品。这家公司也和华智一样有创投基金支持，资金比较雄厚。而茂硅因为资金比较少，就将技术和产品转移给Nitron，交换条件是我们必须在他们的工厂里展示我们技术的可行性。这样，我们不但可以免费使用他们的工厂验证要转移的新产品，还可以得到一些技术转让费，一举两得！

另外，Excel公司是付费使用Nitron的工厂的，而茂硅没有付钱，因此我们只能利用Excel公司休息的时间去做，大部分是晚上。Excel公司有一群工程师可以操作和维修设备，我只有一个人，作为茂硅的代表和Nitron的一位工程师合作，把技术手把手教给他，由他和Excel公司的工程师有空时帮茂硅生产。我记得当时Nitron的步进光刻机是超科技半导体公司的，我没用过，幸好有一位朋友刘燕良（Joe Liu），他所在的公司是台湾超科技半导体公司代理商的合作伙伴，他因此常驻硅谷，晚上设备一有问题他就随叫随到来帮忙解决。后来，他也成了茂硅的股东。

差不多有一整年的时间，我和Joe及Excel公司的同行（大部分是来自中国各地的华人工程师）愉快相处，得到了他们很多无私的帮助。现在回想那时的情景，我猛然发现，当时我们是一群去美国学校学习、在美国公司打工的"老中"，命运安排我们成为硅谷一家犹太老板的工厂里的命运共同体，大家要在这里做出实绩，再向资本市场募资后回去建设家乡！后来，大家果然常常在亚洲特别是在中国相见，向着不同的方向走出了各自的路，甚至成为同事，为祖国的集成电路产业贡献一己之力，对未来充满了憧憬。

我们的第一个样品如期做了出来，接下来必须做良率测试——第一步是晶圆测试[①]。这是设计工程师的任务。我把晶圆片交给他以后，因为太紧张，甚至不敢随他去看测试结果，而是跑到附近一家电影院，坐在里面休息，思考万一没有成品，实验失败要如何补救。在电影院里待了两个钟头，我的思绪完全不在电影情节上面。从里面出来之后，我弱弱地打电话问许奇楠结果如何，他告诉我有良品（yield）！良率在50%左右！在不是很理想的洁净室（clean room）和设备条件下，有这样的结果，已经达到了和Nitron合约的里程碑要求，可以收一笔技术转让费，公司可以活更久了！

在中国台湾、日本和韩国做技术转移的经历

正是因为在Nitron成功开发了第一颗产品，正好日本分立器件大厂富士电机要导入CMOS制程做其他产品，来茂硅评估这次的结果后相当满意，就和茂硅签了一份技术转移合约。依据合约，茂硅必须有工程师长驻富士电机的集成电路制造工厂，满足一定的"人-日"（man-day）数，方便手把手传授技术。从此，开始了我在富士电机在长野县松本市的工厂里从事技术转移的经历。

[①] 晶圆测试（chip probing，CP），指对晶圆进行电路测试。

第三章 天涯屐痕：就业记

当时，茂硅除了陈正宇先生，就只有我一个制程工艺工程师和一名设计工程师许奇楠，所以这个"人-日"数，主要就靠我们两人积累了。富士电机的产品一直以功率半导体为主，厂里的工程师对MOS制程不熟悉，因此在产品生产过程中常常产生疑问，我必须随时在场回答问题，否则有时会造成生产停顿；再加上工厂原本主要生产已经量产的功率半导体，MOS工艺是研发产品，暂时还不能产生利润，公司的生产部门就不太关注，必须常常催促。而这些都可能影响合约的进度，也会延误茂硅收取到期的合约金！因此1985—1987年，我在富士电机工厂附近的酒店长住，每天步行去该厂上班。公司在他们开放式的办公室里为我安排了一张桌子，我在这里指导他们做光罩、投片、分批、器件测量，回答和解决生产线、MOS半导体理论和小部分设计上的问题。我知无不言，言无不尽，必要时打电话请许奇楠帮忙回答，他有时也会从中国台湾来日本，协助向富士电机的设计工程师说明产品的设计。这次技术转移和在美国Nitron时同样非常成功，富士电机松本工厂的设备比Nitron的先进，支援的工程师也比较多，工作相当顺利，各阶段的里程碑都顺利如期或提前达成。

我去松本，每次都从东京的新宿车站（听说当时是世界上过往旅客最多的车站）坐中央本线去松本。途中风景优美，我印象最深刻的是冬天的时候，在松本附近，车窗外总是偶然能看到孤孤单单掉光叶子的柿子树上，稀稀疏疏地挂着一两颗圆圆的、深红得非常均匀的柿子，在一片白茫茫的大雪中特别显眼，极富诗意！在松本时，假日有空时，我有时候会租一辆自行车，骑行在乡间小道上。秋风萧瑟，一大片半人高的芦苇像波浪一般整齐地随风飘摇，让我有一种"风萧萧兮易水寒"的体会！我也会到长有芥末的小溪边，去看芥末是怎样生长的。在那里，我一边品尝没吃过的芥末味冰淇淋，一边看从溪底小鹅卵石缝里生长出来的芥末。整条小溪水质清澈如冰，没有一点泥沙，很是干净。这时的我才知道，芥末不是长在土里的。

每次从松本回到新宿车站时，我总是从西口出来，看时间再决定是去附近酒店住一晚，还是直接搭车去机场，前往下一个目的地——位于福山的夏普或韩国，或中国台湾。黄昏时间，西口的出口处总有一个摊子在卖那种在台湾很流行的日本拉面，非常好吃。我每次都要花700日元吃一碗，才心满意足地继续之后的行程！

日本著名的风月场所——歌舞伎町就在新宿车站西口附近。有时候时间不凑巧，订不到商务酒店，我就去找一种相当简单的所谓胶囊旅馆（capsule hotel）住下。在这里，每个人只有一个可以躺下来睡觉的圆筒间，里面有必要的灯光可以看书，盥洗的地方是公共的。这种旅馆的住宿费便宜很多，对于像我这种只为睡一晚、隔天一早要赶路的人来说经济实惠，也很方便，而且大部分时间，这种旅店随时都有位置。

第三章 天涯履痕：就业记

在技术转移给富士电机的同时，我也回台湾地区协助成立新公司，并打算在台湾募资建厂。这期间，茂硅也向台湾的联华电子转移1.2微米64K CMOS double poly SRAM技术和产品，换取技术转让费及一些产能做产品销售。我在开发16K SRAM时顺便在工艺评估模块（PCM）加入了一些1.2微米和1.0微米的器件图形，用作两者开发的评估，因此很容易就成功开发了64K SRAM，并转移给了联华电子。这时候，韩国现代电子也来寻求技术转移伙伴，茂硅便展示了在联电开发的64K SRAM，得到了现代电子的认可，双方约定以200万美元将技术转移给现代电子位于利川的工厂，我也像去富士电机一样前往韩国做技术转移，在利川现代电子的迎宾馆里断断续续待了两年多。

后来日本夏普也来讨论转移1.2微米256K SRAM技术的可行性。那时我们刚论证了1.2微米64K的成功，正在准备1.2微米256K SRAM的开发。为了满足夏普的评估要求，Peter要我们在短短三个月内做出256K的样本，并且在国际固态电路年度会议（ISSCC）上发表。在这种情况下，我和公司负责这个项目产品设计的江鹏传商量，要如何才能及时完成这项艰巨的任务。结果他很有创意，为了节省时间，决定在不大幅度更改周边电路设计和布图的情况下，只改变存储单元（memory cell）的长宽尺寸（形状），把4倍的存储单元——256K——塞进原来放64K存储单元的空间里，这样就可以节省最费时间的周边电路的模块设计和布图。存储单元要大幅度缩小和变形，但我们只要保证新的存储单元可以照预先设定的规格工作就行了，而这部分是我作为制程工程师的工作。我们一起发挥最大的想象力，依据工艺流程设定的布图规则，顺着流程一步一步堆叠手描存储单元各个方向的剖面图，用来预见可能影响良率的方方面面，并加以修正、补强，尽量缩小线条和间距的尺寸，没法缩小的就"偷"——生产过程中，芯片上特殊的线条和空间位置（如线条稀疏的地方、转角）的尺寸，会因为曝光和刻蚀的影响，在晶圆片上和原来电脑布图的尺寸产生偏差，因此这些地方在布图时，有比布图规则"稍微做小"的空间。这一点"稍微做小"，再把CD由1.2微米推进到1.0微米，足以把256K结构复杂的SRAM存储单元挤进原本64K SRAM的空间。这样，我们很快就做出了光罩组，也很快在联电的工厂完成了工程批流片，做出样品，并成功提取数据送去ISSCC发表。虽然最后可惜还是晚了一点，来不及发表，但也足以及时提供资料给夏普评估并且得到认可，又得到了对方200万美元的技术转让费的合约。

就这样，我又增加一个技转的地方：夏普在日本福山的工厂。我住在他们安排的位于附近奈良的一家酒店，每天坐火车前往福山工厂和他们的团队讨论，指导他们投片试产。出来的第一批果然照"老规矩"，一次就成功完成任务，我们也因此取得了每一阶段的技转金。

技术转移的心得

我自从离开仙童半导体和伙伴一起创业以来,曾经分别以甲方和乙方的身份,直接主持八项技术转移任务。其间,我积累了一些技术转移的实际经验,体会到技转接收方要能成功落实原来技术转移的目标,是有很多讲究的。可以总结出以下几个重点:

第一,最重要的就是,接收方自己对要引进的技术,事先一定要做足功课。

对事先准备,要做到对即将转移进来的技术即使不是了然于胸,至少已经"一知半解",不能全然无知。这样双方交流的过程中,才能提出合适的问题。转移过程中,不能盲目地像上课一样忙着抄笔记,只接受对方提供的"怎么做"(how),而是必须讨论"为什么"(why)这样做,更要知道重要节点前后之间的关联。这样,日后有问题时才知道怎样处理,也知道下一代技术要怎样开发。

其实现在是大数据时代,待转移技术的众多细节,可能已经以各种不同的方式散见于很多相关文献中。收集这些文献的细节并加以整理归纳后,我们很快就可以有相关知识的基本架构,所欠缺的就是某些尚不完善的细节和必要的实践验证。前者如果有经验丰富的技转伙伴点拨,自然可以少走很多弯路,节省很多技术研发的时间,这也是接受技转的目的，否则靠自己踏实的理论功底推理，也可以"猜到"；后者本来要靠自己去做，如果有技转，对方的意见只是参考，要如前人说的"处处发生疑问，竭力探求答案"！

在我多次技转的经验中，让我印象最深刻的是技转64K SRAM给韩国现代电子期间，他们工程师的表现。其实20世纪80年代初期，韩国半导体方面的工程师比中国台湾少很多，参与我讲解技术内容的工程师，多数是从学校毕业没多久或是从其他产业转过来的。但是我可以感觉到，他们事前都做了很多准备，因为我讲解的过程中双向交流频繁而深入，这些工程师不像有的技术人员一脸茫然，只低头做笔记而已；他们会打破砂锅问到底，非得把疑惑透彻了解不可。

不但如此，他们还常常提出和引申出不少意想不到的见解。有一次，我说明产品开发在产品电路设计完以后，要布图做光罩，布图时要以布图规则为依据。集成电路产业的技术追随摩尔定律进步很快，一代一代的布图准则的水平也必须跟着适当提升。为了确定生产设备的能力是不是能满足新布图准则的要求，一般都要先设计和生产一些模拟这些布图准则的简单图形，制造后仔细测量、加以验证。我告诉他们，其实这一代一代新设备性能的提高，是设备生产者应集成电路生产者的要求而开发出来的，设备的性能和布图准则息息相关、有规律可循，新一代的布图准则都可以由前一代推算出来。因此，如果新产品开发的进度紧迫，来不及设计相关图形来测量验证——就像我在美国仙童半导体开发第一个SRAM时一样——就可以先理论推演出一套来设计电路,事后再设计相关图形,和设计好的电路一起生产并测量验证。接着,我就向大家讲解了这些规律的演变过程和相关算法。

结果第二天就有工程师向我展示,他结合布图准则和设备性能关系设计了电脑程序,只要输入相关的关键设备性能,电脑就能算出相对的布图准则!其效率之高,以及其对讲解内容的理解,尤其理解后的延伸,是我在中国和日本都没有遇到过的。韩国两家公司现在在全球内存市场上有80%以上市占率的绝对优势,其来有自!

在这之后,全球内存市场曾经有三次大衰退,当时大部分的内存公司倒闭,公司的财务也都非常困难,没有资金可以购买先进设备以持续提升内存产品最关键的生产技术开发。我听说,当时现代电子就是依靠对关键设备本身软硬件结构的充分了解,大胆自行改造设备,硬是把关键设备的能力提升了至少半个世代,降低了生产成本,终于在当时内存售价全面崩盘、世界好几家传统内存大厂相继倒闭的残酷情况下,存活了下来。

我相信,如今在内存技术进入门槛越来越困难的情况下,韩国内存独霸的情况将长期维持。这样的结果,很值得在20世纪80年代和韩国公司同时投入内存产业的中国企业——但目前在全世界规模排序上只列在"其他"一类的我们,包括我自己——好好检讨。

第二，工艺整合工程师对整个工艺整合流程必须全盘了解。

现在很多工艺整合工程师都是在公司里的生产工艺已经成熟以后加入工作的，对整合流程没有经过从头到尾的整个开发过程，对整合流程中几百上千道工序的来龙去脉，只知其然而不知其所以然。所以在以后对工艺的应用和开发的过程中，他们常常对不该改的恣意乱改，该改的又不知道可以改，造成产品良率高低起伏，难以分析。这种现象尤其出现在由外面转移过来的技术上，技术转移方的现场工程师任务完成离开后，工厂就无法维持量产，更别说进一步自行发展下一代技术了，最后花大钱转移来的技术无疾而终。

第三，合约不必一定要求技术转移方保证达到某个特定的良率。

因为这样一来，技术接受方不但会失掉合约谈判的主动权——转移方会借此要求大幅度增加技术转让费用，尤有甚者，技术接受方的工程师会产生依赖性，反正做不好有对方顶着，而对方为求自保，转移的一定是他们很成熟、快过时的量产技术，甚至会指定用和他们工厂正在用的完全一样的设备。这些都会极大地制约技术接受方日后自己发展的进程。集成电路产业是按摩尔定律在发展的，等用这一代设备的工厂建好，成熟的技术转移好，技术又上了一个台阶！转移方又已经推出了自己刚开发出来的、更有市场竞争力的新一代相同产品了，接收方如果没有把接受来的技术完全吃透，对下一代技术不能独立自主开发，就可能还是要一直靠技转，技术难以自主可控！

中国台湾创业及建厂

创业初期，茂硅以向美国Nitron、日本富士电机、中国台湾联华电子、韩国现代电子和日本夏普技术转移的收入，维持公司的营运，我曾经一个人在日本、韩国和中国三地来回传道授业解惑，异常忙碌。技术转移方的任务重点是每个技术的重要节点完成的技术成果和完成时间，必须达到合约的预定目标，才能如期取得该阶段部分的技转费。如果对方不认可，技术转移方就无法取得技转费，像茂硅这种初创的小公司，财务就可能出问题，甚至当月工资就要开天窗。这样的情况确实发生过一两次，幸好最后都化险为夷。

因此，每次去接受方那边时，我都要预计进度是否顺利，如果有差错该怎么应对，对方才能释怀。重点是尽量不要把责任指向对方的工程师或工厂管理，即便确实如此；只能抢先说明是自己事先没有交代清楚，或者没有考虑到设备偶然会发生的意想不到的误差，问题不大，可以马上改善。否则，必然和对方陷入争论，也破坏了我和直接合作的工程师的感情，日后合作就更加困难，进而严重影响工作进度。事实上，只要问题不是非常严重，有把握很快赶上目标，接受方都会同意通过，如期付费。毕竟，他们也不希望我们这样的小公司因为收不到合约款而影响公司运营，进而影响技转的运作。

在技转过程中，因为一个人实在太忙，而且茂硅也准备在台湾募资建厂，我们就逐步聘请了一些工程师，一部分帮我在台湾配合公司销售业务，从联电取得产能的生产顺利；另一部分随我前往韩国从事技术转移，因为合约大都规定了技术转移方必须满足在接受方工厂驻在的"人-日"数。我因为最高同时照顾三地四个客户，所以常常利用一个地方的假期立刻飞到另一个地方去，以满足合约的规定，但仍然有时可能会"人-日"数不足，因此必须培养一些工程师帮忙。事实上，只要技术转移顺利，客户对"人-日"数不足是不太会计较的。

在中国台湾募资建厂

茂硅在公司成立初期就打算回中国台湾建厂，发展台湾的集成电路产业。我们的投资人是台湾某大公司董事长的儿子引介的，他说服了这家大公司投资集成电路。经过他的努力，这家大公司投资了茂硅大部分资金，成为公司最大股东，但对方要求由自己担任公司财务长，并要严格控制公司的财务运作。要动用这家大公司投资的资金时，必须向这家公司报告核准。原则上，这笔钱是给公司壮胆充门面的，看得到吃不到，公司如果不幸倒闭，这家公司投资的资金要全数收回以避免损失。后来，我们得到懂行的集成电路设备代理商科荣公司及其全体员工的投资支持，财务情况才更稳健了。

获得投资前的这段时间里，公司的运营只能靠到处找转和产品销售的利润收入来维持，这也使得当时几个回台湾建厂的创业公司里，茂硅的财务还算稳健，没有像几个钱多的同业那样不是做了眼下力所不能及的建厂，就是花相当大的资金买了部分新设备放在代工的合作厂商那里，以补对方设备不足。这些公司在经济低迷时，都几乎灭顶，只有茂硅极力控制开支，幸免于难，最后还合并了华智。过程中，公司财务长的抠门虽然受到很多同事的抱怨，但是现在回想起来，他确实功不可没。到1994年，整个集成电路产业再度欣欣向荣，大家起死回生，纷纷募资建厂，茂硅当然不例外。

事实上，在20世纪90年代初期，经过联电、台积电及他们协助代工的一些"无厂设计公司"（fabless design company）的蓬勃发展，加上台湾当局的引导促进，台湾地区掀起了一股投资集成电路产业热潮。只要和集成电路产业沾上边的，都很容易募资，甚至在正常上市的股市以外，还成立了非正式的"未上市"盘，各公司都募到了一些资金。其中华智因为格局比较大，又有美国创投基金加持，募得了大约20亿元新台币。茂硅也募得了10亿元新台币。这些资金就集成电路设计公司而言虽然不少，但就建一座全新的6英寸厂而言远远不够。不过因为股市太热，华智仍然决定建厂，打算等再次需要资金时以较高的溢价增资，这样对原来的股东比较有利。

茂硅则因为募得的资金较少，迟迟不敢建生产厂，但是为了对投资人有所交代，就花了3亿元新台币建了一座测试厂（台湾封测上市公司南茂科技股份有限公司的前身），保留了大部分资金。谁知道股市下行震荡，后来几年一直大跌，不再容易募得大笔资金，因此华智的工厂建到一半就遇到资金不足的问题，成为烂尾项目，而谨小慎微的茂硅手上还有大部分资金。华智在困难之中向联电、华邦电子、华隆微寻求帮忙但没有成功，最后，它和茂硅达成合并协议，用茂硅的资金维持合并后公司的营运，以后再合力把在建工厂补建完。合并公司的中文名维持"茂硅"[①]，英文为Mosel Vitelic。

[①] 即台湾茂矽电子股份有限公司。——编者注

第三章 天涯屐痕：就业记

香港爱卡电子的故事

茂硅和华智合并后，资产方面除了拥有华智的6英寸空厂房和茂硅的测试厂，还拥有了华智并购的香港中信集团的爱卡电子在香港新界大埔工业区里的4英寸IDM工厂。华智买下爱卡电子以后，购置了一些必要的关键设备，派了一些工程师去那里，实操日本冲电气公司转移过来的64K DRAM的生产，同时经营4英寸IDM业务，也为IBM做少量封装的代工。那时候，爱卡电子一个月的营收约60万美元，亏损了30万美元。

合并后，我和一位财务副总去接手管理爱卡电子。我评估了一下公司的情况，发现公司设备搭配不合适，没法发挥最大产能，但又没钱购置新设备，维修经费也不足，因此不但64K DRAM的实验效果不好，IDM生产效益也很差。替IBM做封装代工，基本也是赔钱赚吆喝。我于是把DRAM实验和封装代工都停了（IBM也如释重负，不必再继续勉强喂合作伙伴产能了），打算卖掉封装设备，专心经营成形已久的IDM业务。

很幸运，那时广州附近有一家国内的封装公司要扩大经营，知道爱卡有设备要出售，就来洽谈。双方一拍即合，以30万美元成交。我用卖得的钱强化了工厂营运：封装线上的员工转到人手不足的前端生产线，购置了一些瓶颈机台，补足了一些必要的生产材料和零配件，使生产能顺利开展。工厂生产效益提高到以前每月销售额的两倍——120万美元，利润30万美元，转亏为盈。我到任三个月后，公司第一次给员工发奖金。过程中，我很感谢当时香港爱卡电子所有同人对我的支持。

俄罗斯—乌克兰之旅

在香港工厂的这段时间，我发现制造成本中的直接材料4英寸晶圆每片售价10~12美元，占了制造成本很大的比例，便到处打听哪里有更便宜的晶圆片。果然皇天不负有心人，我打听到那时乌克兰首都基辅的半导体材料公司在生产晶圆片，平均每片5美元。我大喜过望，就决定去当地一探究竟。

当时苏联刚刚解体不久，我们在当地的顾问告诉我，在解体前，苏联在半导体方面的分工是乌克兰主要负责供应材料，白俄罗斯负责供应生产设备，俄罗斯负责用设备和材料生产集成块。因此，我刚到莫斯科时，顾问先带我拜访在莫斯科近郊的高科技城，参观了当地的集成块生产工厂。当时莫斯科下雪很冷，大家都穿着厚重的大衣，进门口后先把大衣交给一位接待员，拿一个牌子，出来时好领回大衣。这个操作我在地处亚热带的中国台湾和香港都没有遇到过，第一次碰到，印象深刻，所以记载下来。这工厂很大，楼层很高，

第三章 天涯屐痕：就业记

1993年在华智（香港）公司与同事合影（左三为作者）

房间很多，显得空荡荡的；灯光昏暗，很多设备好像没有启动，也没有什么人——不是因为全自动化，而是因为经济效益明显不佳。

接着我到乌克兰的基辅去拜访材料生产厂。那家公司生产很多种晶体材料，硅晶圆是其中之一，也是产量最大的。生意一谈，4英寸产品级晶圆（prime wafer）果然只要5美元一片，比其他供应商至少便宜5美元！测试级晶圆（test wafer）更是只要3美元一片。由于苏联刚解体，卢布价值一落千丈，急需外汇，我当机立断先定了3万片产品级晶圆，回来用过后如果质量好再买，不好就当测试级晶圆用。试用结果，这些晶圆合乎质量要求，这一趟大概节省了15万美元，爱卡电子以后的生产成本就更有竞争力了。

那时候公司最大宗的产品是3个半字①的电子手表芯片，这是一种长青产品，在香港时我们曾估计内地每个月约有3000万颗的稳定需求。以一片4英寸芯片当时大概有4000个好的集成电路计算，估计每个月光是内地就要用到七八千片4英寸芯片，另外还有台湾等其他地区的需求。以爱卡电子的这个成熟产品，每月供应内地4000片不是问题。这一种产品就占了公司1/5的产能，是最大宗的产品。因为当时爱卡一个月已经能出2000片这种芯片，于是我和大家商议，1993年新年

---

① 一种电子手表的规格。——编者注

度将这种产品定价为每颗2.5美分（比当时的平均售价大约便宜15%），一定可以达到月出4000片以上。这样，每片晶圆有100美元收入，公司单单这一种产品每个月就能有40万美元的收入！晶片由乌克兰供应，材料成本每片节省了5美元，加上产品生产工艺简单，大批量生产成本降低，很有竞争力，于是我们从1992年底开始布局市场。

未曾料到1993年初，市场忽然传来消息：有人报价2.2美分，比我们更便宜约12%！要是这样，我们计划的营业额就达不到预期了。进一步打听，发现对手竟然来自俄罗斯，是韩国三星在那里代工生产的。他们因为卢布大幅度贬值又急需美元，因此降价竞争，抢占了市场一大部分份额。幸好后来大概是因为俄罗斯的工厂生产效率低，产品供应常常青黄不接，无法如期交货，于是部分订单又回到爱卡，只是量没有原来计划那么多，单价也下降了一些。这次的意外给我上了一堂市场课。

另外，这种单价低的产品，每一细节的成本影响都很大。这种产品颗粒尺寸很小，一片晶片划片时间很长，每一颗芯片划片分摊的成本占其总成本的百分比很高。在台湾代工厂划片时，因为工资及其他运营费用高，平均每一颗芯片要花0.8美分，但如果拿到深圳做，每颗只要0.2美分。对于每颗价格2.5美分左右的产品而言，这0.6美分的差价的影响是巨大的。

因此，我把划片工序转移到深圳，由一些内地国企下海的工程师创立的工厂代工。他们租了一处毛坯房，买了一批简单设备，以每月每人200元人民币的工资雇了一批工人，夜以继日地工作。当时香港一个工人的工资每个月大约相当于2000元人民币，再加上房租、水电、员工福利等运营费用比内地又高很多，在内地做就更有竞争力了。这些下海的工程师赚了钱之后，提高了技术层次，又介入做简单的封装、测试，规模越来越大，当时都快成为深圳高科技企业的标兵了。真是万丈高楼平地起，要拼才会赢呀！

在香港时，一方面为了推广内地市场，另一方面为了处理在深圳的划片代工，我协助成立了一家分公司，由朱贻玮先生的朋友、清华大学毕业的吴沈栋先生主持。他在那里照顾测试和语音编程的任务，到乌克兰去采购晶片，也是通过他在当地的朋友代为安排的。说到编程，我们找了一位福建大学毕业的本科生丘守义先生。他曾获得福建省音乐比赛独唱第二名，音感很好，因此当时茂硅出产的语音集成电路品质高，在内地市场上很抢手。吴先生和丘先生对茂硅公司语音集成电路产品的推广帮助很大。

茂硅从事语音集成电路业务的经验

茂硅之所以进入语音集成电路业务，是因为我听取了高中同学蔡清州的建议。我在他的建议下组织设计团队设计语音集成电路，分别在台积电和富士电机生产。事实上，茂硅进入该市场时，语音集成电路在台湾地区已经有华邦电子和联电在做了。但我们进来以后，因为集成电路的音质很好，加上工艺先进，成本低很多，市场占有率节节攀升。除了上述声音质量好，还有几件事对提高语音集成电路的经营效益很关键，值得一提：

1. 富士电机用茂硅技转的工艺，帮我们代工生产语音集成电路。最开始，订单数量随市场波动，常常变化很大，工厂排产很困难，因此富士电机的销售人员告诉我们，如果能每月固定至少购买2000片，他们愿意降价5%。我回来后找来当时"唯二"的中国台湾和香港的代理商，告诉他们，茂硅愿意和他们分享一半，但是他们不管淡旺季，每月要固定各负责至少1000片的订单，只能多不能少。代理商发现有利可图，都很努力，自行调节供需，维持每个月各至少需要1000片，结果不但满足了富士电机的要求，交货承诺无误、良率高、价格有竞争力，也扩大了营业额，增加了利润。

同样的策略也应用了到另一家代工厂——台积电。以前订单起伏不定时，我们要产能很难，交期也常脱序，出货必须自己去拿。但自从两个代理商努力冲刺，我们不但每月有能力满足富士电机至少2000片的保证订单，也有能力给台积电保证一定数量的订单。这之后，台积电的服务大为改善，不但交期不再脱序，出货了也自己马上送到公司来，不必自己去拿了。

这两个例子，提示我代工产业的一个重点：代工产业的核心就是生产，稳定的市场需求可以高效率地规划生产，提高产能的利用率，降低成本。

2. 在语音产品和工艺的研发方面，研发部门不但不断提高秒数，整合功能，更在台湾开发出第一家用EPROM①工艺做OTP（one-time programming，一次编程）的产品，可以在集成电路生产出来以后再编音，不必在生产途中停下来等客户编好声音、做好光罩，耽误出货时间。

之所以会想到开发OTP产品，是由于有一次代理商回来说他的东西不好卖，因为我们的最小订单是当时业界标准的6000颗，而竞争者为吸引客户，改成了1/3的2000颗，使客户的开发成本大幅度降低。我们才想到，何不推到极限的1颗？和设计工程师商量之后，他建议那就开发EPROM。说做就做！我们成功了！我告诉代理商，可以向客户宣布茂硅的最小订单连2000颗都不必，只要极限的1颗。这样，开发新语音集成电路的时间大幅度缩短，生产成本大幅度降低，也激发了客户尽量开发新应用而使我们有了更多的订单。因为终端

---

① 可擦除可编程只读存储器。EPROM由以色列工程师多夫·弗罗曼（Dov Frohman）发明，是一种断电后仍能保留数据的计算机储存芯片，即非易失性的（非挥发性）。

客户在试市场成功后到大批量形成前，常常会先用OTP小批量马上出货，等到值得用固定编程时再用MASK ROM①批量生产的方式降低成本，这样开拓市场的弹性大大提高，产品的应用也大大增加。

这事说明，出难题挑战我们的竞争对手，确实是最好的老师，毕竟对手也是行家！这次如果不是竞争对手以小很多的最小订单来挑战，我们一时是不会想到要用OTP的——为应对竞争对手的挑战，我们竟扩大了市场！

3. 整合简化产品种类，提高生产效率，降低成本。原先同一个语音时间，客户要求的功能千变万化，于是我们常常同时要准备很多个语音秒数相同、功能各异的母体，大大降低了生产效率，增加了成本。我在产销压力宽松了一点以后，就和市场及设计工程师研究，把更多的功能放在同一芯片里，针对客户的不同需求，就在芯片上跳过不需要的部分。这样虽然会浪费一点芯片面积，但同一母体可以适用的客户大增，大大减少了集成电路母体的数目和客户的芯片处理程序，对自己和代工厂都有益，也节省了很多成本。

4. 激发代理商的干劲。在对待代理商方面，茂硅的宗旨是将代理商当作一家人，给代理商很优惠的代理条件，也协

---

① 制造商为了大量生产，事先制作一颗有原始数据的ROM或EPROM当作样本，然后再大量生产与样本一样的ROM。这种大量生产的ROM样本就是MASK ROM，而烧录在MASK ROM中的资料无法做修改。

助他们一起应对下游客户形形色色的要求，使代理商能得到他的客户尊重和信任，他也愿意努力承担责任并做好客户服务，比如开发和测试语音编程、产品失效处理等。代理商拿到的利润高，就可以快速扩大服务能力，使茂硅有时间来研究如何提升产品开发和生产的效率，降低成本。两者都能发挥各自的功能，合作加强市场竞争力。茂硅给代理商超乎市场行情的代理费用，曾引起公司内部议论，但是我这样做有这样做的道理，因为茂硅得到了下面的效果：

（1）代理商自行解决众多客户的形形色色的问题，不能解决的才反馈到生产者这里来，一般都是大问题或是原则问题，这些问题值得生产者考虑。生产者可以集中精力做好自己专长的项目：生产运营、产品设计和应对来自市场的各种挑战，甚至引领产品的走向。

（2）要求代理商必须提供财产抵押才能取得代理权，这个条件比较容易被接受。这样可以保证代理商的诚信，减少茂硅的财务风险。

（3）要求代理商自己负责建立库存，客户有问题代理商自己处理，出给他们的货一旦验收出门概不回收，使茂硅没有成品库存，而且现金流得到充分保障。

（4）不担心代理商的忠诚，双方合作稳定，发挥各自的功能。曾有代理商喜欢讨价还价，在茂硅销售市场充分打开以后，来说有竞争者愿意以更高的条件吸引他甩开茂硅参加他们。我有充分底气回复他说"要去请便",因为我自信,没有谁会比茂硅提供更好的回报条件、合作诚意及自由度。另外,茂硅不和代理商竞争客户,我们和代理商去拜访客户都是为代理商背书,希望客户更支持他。茂硅会协助代理商对客户的要求有最好的支持,聪明的代理商当然不会再提跳槽的事。

因为有这些代理商稳定的大力配合,茂硅全部语音集成电路业务部只有两位销售人员,以及一位很能干的物流经理,就能处理一个月最高时7000片从1.5秒到65秒各式各样的6英寸集成电路晶片。部门业务一直成长,利润不断提高,以一个部门协助保障了全公司DRAM和SRAM两大内存产品的运营。

可惜的是,我1997年离开茂硅后,接手者收回大部分代理商的大客户,自己服务,结果自己的工作变得非常繁重。虽然增加了很多人手,花了很多人工成本,该部门还是没有时间专心开发新产品和研究如何降低成本,市场逐渐拱手让给了竞争者。接手者之所以收回部分大客户自己服务,一方面是因为怕代理商尾大不掉,另一方面是因为担心自己瓜田李下,太好的代理条件被怀疑和代理商有瓜葛。

事实上,只要自己清清白白就身正不怕影子歪,不必怕一些人闲言碎语。过去也曾有人向我投诉说部门的业务人员和代理商有瓜葛,我回复他说,我"用人不疑,疑人不用",如果谁能在拿回扣后,还能在强大的竞争压力下做到业绩每个月都成长，且维持40%以上的毛利，货款有保障、没有坏账，账目清楚真实，没有月底出货、月初退货的虚账，生产没有积压成品库存，没有客户投诉，代工厂交货及自己出货准时，整个业务部门只需要三个人等理想的运营状态，那是他的本事。

更何况我随时都在明察暗访，确实没有发现他们在一些正常的商务应酬外，有任何腐败的迹象。公司在我离开后改变经营方式，大家看起来都很忙，对代理商也很苛刻，却导致把市场陆续大量拱手让给竞争对手，经营效益快速掉落。两相对比，很好地展示了一堂真实版的"如何经营企业"的MBA课。

建立平生第一座集成电路生产工厂

茂硅和华智合并成Mosel Vitelic后，合并公司除了拥有香港一座4英寸IDM生产工厂和新竹科学园区里一座测试工厂，还有一座6英寸烂尾工厂的空壳。我在茂硅是负责技术开发和生产制造任务的，完善这座6英寸烂尾工厂是我的责任之一。

我在公司完成合并之后，第一次去厂房考察。厂房因为两年没用，里面比较脏乱，甚至有蛇鼠出没。看了以后，我着手规划建厂流程，包括土建、动力的规划及招标，采购设备，准备各种材料。

第三章 天涯屐痕：就业记

这之前有一件趣事，反映了同业间竞争的残酷。建厂不免要向银行贷款，茂硅于是也向台湾地区的行政管理机构开发基金申请银行联贷。这时台湾正要大力发展集成电路产业，茂硅公司以fabless形式运营，到这时已经生存10年而前途看好，这样的表现应该是可圈可点、值得鼓励的。很多其他新公司都得到了贷款建厂，照说茂硅应该也没有问题，但是银行团在考核时，有台湾集成电路产业界的一家同业向银行表示，茂硅负责建厂的副总（就是我）虽然研发能力不错，但是没有建厂和经营工厂的经验，为保险起见，最好把这家工厂转让给他们有工厂经验的IDM公司来建，再由他们为茂硅代工。茂硅当然不同意并据理力争。幸好当时茂硅合并华智之后，附带引进了日本冲电气公司当时在台湾最先进的0.15微米4M DRAM产品技术。有国际同业高档次技术的支持，银行方面才没有节外生枝，扼杀茂硅自建厂房的机会。

事实上，我们在建厂的过程中，虽然也派了一批工程师去日本冲电气公司在九州的宫崎县6英寸厂见习，也到本州的宫城县8英寸厂参观，但公司财务能力有限，为了省钱——也觉得已经够了——只派了二十几位工程师，明确告知各自要负责的技术任务，平均只待了不到两个星期，各自接受冲电气公司转移的与自己相关的资料，并实地见习对方工厂运转的经验，就回来自己规划建厂了。

另外，当时台湾地区高科技加工业相当兴盛，很多集成

在茂硅晶圆厂的员工休息室和同事打乒乓球

第三章 天涯屐痕：就业记

茂硅第一座6英寸工厂落成启用典礼

电路工厂不断开设，需要很多水平比较高的线上操作员。台湾地区当时人才不足，因此就近聘用了很多菲律宾劳工，尤其是他们的英文水平普遍比较高，适合国际化程度比较高的集成电路产业，因此茂硅在台湾也聘用了菲律宾籍的线上操作员，很好地解决了操作员短缺的问题。听说有些劳工后来和公司的工程师结婚组成了家庭，定居中国台湾了。

当时台湾地区有些初次建厂的同业，会派大批工程师到合作伙伴那里待上一年左右，花费很大一笔差旅费去接受技术。但茂硅靠事先充分准备、做好自己的功课后，才到合作方那里去验证和优化事先的规划，取长补短、完善各自负责的项目。这样除了节省很多差旅成本，因为事先有准备，派去的工程师也都有经验，且各自要学习的目标明确、有针对性，因此大家不但都能知其然也知其所以然！

因此，接受技转不是被动地等着对方施舍一些知识经验，而是自己经过充分准备来挑战对方的知识经验的互动过程。这样才能得到功夫的"真传"，才能为自己的未来发展奠定基础，不但可以有能力赶上，甚至能超越对方！毕竟"弟子不必不如师"嘛！

技术转移要能生根发芽，必须如此。

第三章 天涯屐痕：就业记

台湾地区第一次聘用菲律宾劳工担任技术性的线上操作员

不合常规的新工厂启动和量产爬坡

茂硅的新厂启动的过程，违反了很多当时业界的传统规矩，包括冲电气公司的。这再次证明我在技术上实事求是、凡事推到极致的理念，绝对不是鲁莽、草率或自大。这也打脸了那些批评我只懂理论研究、不擅实际建工厂和经营生产的人。事实上，很多人"学而不思"，虽然很认真地"依样画葫芦"，但是不去"思"为什么一定得这样"画"，结果只得到"画"熟练以后产生的一点点"巧"，最多只会"改良"，不容易"创新"。

工厂厂房刚刚完成内部整修时，洁净室还在逐步验收，我就要求开始把"所有"到厂的设备全部搬进去（设备供应厂商能给几台就同时搬几台）。洁净室验收、设备安装和验收同时做，不是一项一项来，也不是一台一台来！我还要求所有工程师，包括生产部、研发部、各级领导和我自己，这段时间上班时必须都进洁净室：设备工程师参与厂商所有设备安装的过程并负责验机；制程工程师利用装机的机会在旁边帮忙或仔细观看、了解以后要拿来生产产品的设备的构造，了解所有零配件是如何安装、调试的，因为这样才能知道操作菜单中每一个细节的来由；领导要在旁边监督，随时帮有困难的工程师或厂商解决各种可能的问题。

因此，整个洁净室随时都有百来号人在工作、交流、走动，忙得像菜市场。这把冲电气公司建厂经验丰富、派来做技术转移的工程师全都吓坏了。他们警告我，这样的建厂方式，冲电气公司不保证技转的良率。我告诉他们，茂硅本来就没有要他们保证良率，他们也保证不了，一切由我们自己负责。果然，等厂商工作逐渐完成，洁净室里工作的人数慢慢减少后，洁净室的设备开始发挥功能。两三天后，原来的"菜市场"就达到了要求的洁净程度，变得井然有序，像个先进的集成电路生产工厂了！我们也实实在在地验收了洁净室！

接着我要求，一旦迷你型产品线（mini-line，就是工厂里要完成产品生产完整步骤的所有相关设备种类至少有一台）的第一台设备安装好，就以最大能力不停投片，开始"量产"冲电气公司转移的"成熟"产品！因为"成熟"产品的生产流程的细节，已经在对方工厂验证过了，现在在自己的新工厂中，我们只要验证新机台在晶圆片上重复从冲电气公司转移来的操作菜单，能得到相同的结果就可以了。这样，我们一边安装、调试设备，一边如火如荼加紧量产，以量产的压力督促设备尽快上线。我要求相关工程师在生产时，都必须在现场照顾好所有设备，确保生产过程中菜单的运行顺利、正确，一有问题马上修好。平时保持正常状态，货到时马上上机，尽量减少生产批待机的空闲时间。

另外，我在几个关键步骤留下部分晶圆片分批，放行其余的继续急行，以利以后优化工艺细节。终于，在所有迷你型产品线的设备安装、调试好后不到一个星期，第一批试产的晶圆片就出来了。经过测试，良率比冲电气公司在日本自己成熟工厂生产的只少了几个百分点。在生产第二批时，我们根据第一批的分析结果在工艺上做了必要的微调，良率就超过了冲电气公司的产品。这些性能达标的芯片封装后，都能通过严格的可靠性测试，也就是说，第一批工程实验批就是商品，就可以卖钱了！这大大超乎了冲电气公司的想象。

事实证明，茂硅利用严谨的理论论证，合理调整了业界墨守成规的新厂启动和量产爬坡的过程，提早使用昂贵的集成电路生产工厂，加速企业资金的周转，减少了积压资金，降低了经营成本。也正是因为如此，茂硅在1993—1995年集成电路产业景气大好的两年中，能赶上最后一班车，有自己充裕的产能供应市场，获得的利润不但弥补了公司过去12年积累的全部亏损，而且还有现金盈余，可以为下一波建8英寸厂打下基础。

实事求是地讲，茂硅的第一个厂能这么成功，主要有以下几点有利因素：

1. 技转冲电气公司成熟的产品。设计、工艺都已经过量产证明，在技转过程中只要不犯错，成功是必然的，不足为奇。

2. 茂硅的设备比冲电气公司的先进。集成电路设备的性能每年都在进步，后来者茂硅的设备比先行者冲电气公司的新三四年，性能高一个档次。同样生产规格的产品，生产出来的良率理当较好，也不足为奇。

3. 不向技转方要求保证良率。一旦有此要求，技转方为加强保证良率的信心，就会反过来要求接受方采购他们"已经使用习惯"的同一型号的旧设备，不能使用他们"还没有使用经验"的先进新设备。这样，接受方就无法充分享受到设备以摩尔定律进步的红利，永远落后技转方，受其牵制，无法超越。

4. 不盲从权威，勇于理性挑战自己。我之前虽然经营过香港爱卡电子，但没有建集成电路生产工厂的经验。不过因为我长期泡在各地各种工厂里做技术转移，在工厂里又因为职能不同不得操作设备，因此比较有时间观察设备的运作细节，思考这些设备的运作，以及我听说的各种与生产和技术相关的问题。抱着古人"处处发生疑问，竭力探求答案"的明训，我不断依据理论，思考所听说的工厂里的各种"纠结"，比如：成熟产品一旦换了生产工厂，良率就会大跌一直起不来（源自美国某IDM）；洁净室要经过完全验证以后才可以进设备生产，设备安装需要数周甚至数月，旷日费时；等等。对这些情况，我都理性、带着逻辑、客观地观察和思考，得到了不同的、正面的结论。

产业转型时的反思

1993年左右是集成电路产业由6英寸转到8英寸的时间节点，茂硅囿于已经有的空厂房，其厂房成为台湾的末代6英寸工厂。当时有一家资金雄厚的N公司也要新建工厂，选择由8英寸入手，结果因为业界对8英寸设备的导入经验还少，建厂不太顺利，没能把握住1993—1995年产业异常蓬勃的良机，在整个产业进入严重亏损状态时才建好工厂，因此一开始时经营很不容易，幸好有个"富爸爸"支持，才渡过难关。等到整个产业再度恢复繁荣时，N公司成为台湾地区台积电以外IDM的标杆之一。而比较早拥有6英寸生产工厂的茂硅则掌握了1993—1995年的时机，尤其是对DRAM、SRAM等内存产品异常高的需求，建厂后业务一帆风顺而盛极一时。然而，当产业盛极而衰，内存市场摔得非常严重时，用6英寸晶圆生产的茂硅，内存的成本无法和用8英寸晶圆生产的国际大咖竞争而大幅度亏损。这种情况一直到茂德科技8英寸厂接手量产，茂硅6英寸厂转型做晶圆代工，才有点好转。

茂硅在1994年前后三年的好光景中，把握住了至少一半的机会，获利可观。为了下一步的提升，茂硅从德国西门子引进0.13微米4M DRAM工艺，并且在新竹科学园区建了一座8英寸厂。有了上一次的经验，这一次，我们从未开发的山坡地开始，经过事先咨询规划，经历整地、埋管、铺路土建，

第三章 天涯屐痕：就业记

自1995年圣诞节开工，到第二年（1996年）同样也是圣诞节前后，用一年的时间建完厂房，开始搬机器设备试产！这中间赶工的进度紧张到在步进机要搬来的前一天晚上，为避免震动而必须平整的柏油路才铺好，第二天，步进机就进工厂了。

之所以有这么高的效率，不得不感谢新竹科学园区和相关地方部门在各种行政手续和拨款进度上的配合（当时台湾在产业上是真正"为民服务"）。还有土建厂商愿意夜以继日配合赶工，再加上公司所有同人的努力，才能做到。另外，我最感念的是董事长胡洪九先生对我的信任。

因为我负责建8英寸厂，涉及金额超过百亿新台币，所以我常常必须向他报账。我每次拿请款单尤其是追加预算申请表，请他签字时，只要说明这张申请单是什么，他就会拿起笔签字同意，没有问过我一句话，更没有问我为什么必须追加预算（有时候金额超出很多），对我充分授权和信任。我本来就尽心竭力地工作，因此更加殚精竭虑，不敢一日松懈；在操守上更是严格要求自己，不敢辜负胡董事长对我的信任。同样的，我也要求同人共同再创历史。"one-day hook-up——一天装好新机台"的要求，就是同人配合我共同创造历史的一个例子。

中国台湾茂矽和德国西门子合资建茂德科技8英寸工厂建设现场

one-day hook-up—— 一天装好新机台

集成电路制造的设备很复杂，装机周期一向以周或月计。我之所以会提出"一天"就要装好这样苛刻的要求，是因为在茂硅6英寸厂装机时，看见一家日本设备厂商的工程师装机慢吞吞的，显然事先全没有准备，而且脾气还特别大，不许业主工程师在旁边，说会"影响"他们装机，受其做派启发产生的。这些日本工程师把所有的组件铺满地板，打开设备图纸慢慢研究，装好一个组件要回去再看设备图纸找下一个要装的组件。且一天只愿工作8小时，休息时间一到，现场一片混乱的状况也不整理，更警告业主不准动就回去了，第二天到点了才来。整个过程中，研究图纸、找组件的时间合起来比纯粹装机的时间还多，难怪安装一台机器要几个星期的时间！

集成电路的生产设备确实相当复杂，但是其组件数目还是有限的，组装也有序可循：我建议在制造商处拆机运送时，记录下组件拆下来的顺序，到工厂再逆序组装，对前后组件之间的接合，带够合适的工具和测量仪器，组装的准确度是可以保证的。因此，只要对配备的人员、工具、材料、仪器事先有充分准备，组装再复杂的集成电路机台，应该都能像外科医生执行复杂的手术过程一样。事先研究好要做手术的患者的病情和相关的检查结果，规划好手术的程序，准备好要用的工具及材料，并且和所有其他在场配合的专业同人商量好手术进行过程中每个人的任务。执行时，主刀医生按照外科手术的操作准则，一个动作接一个动作，如行云流水，在旁边帮忙的护士要做到当医生的手一伸，就知道要递什么工具或材料给他，而且放到医生手上的是工具的握把，"无缝接合"医生的手术进程；有时候护士也要做一些必要的护理工作，如：随时清理患者的手术伤口、收拾清点工具和材料（避免被留在患者体内）等。手术完成前没有不必要的中断，整个过程一气呵成！

组装机台的过程也应该如此。我当时估计，除了像步进机那样比较复杂的机台可能要多个一两天，其他机台都可以在一天（24小时）内组装完成，隔天就可以试机，准备生产。

我提出这个要求时，大家都说我是开玩笑，不是认真的。等到他们发现我确实是认真的时候，就开始思考其可行性，提出了很多加快装机速度的创意，比如：

1. 大家发现可以用亚克力板做一个类似设备的框架，挖好各种管路、导线的位置，把所有相关的二次配（hook-up）都事先拉到这些设备比对的接点。等设备运来安装好，二次配就可以马上接上，之后通水、气、电，试车[①]完成机台安装。

2. 有时候有人对说明书上的设备结构尺寸的正确性没有把握，怕事先准备的有误差，必须重改而耽误时间，提出要

[①] 试车是指装备安装好以后通上动力，测试安装是否正确。这个步骤也可以称为试机。

花钱出差到海外设备商那里去确定尺寸。我鼓励他去，因为一趟数千美元的旅费，只是一台数百万美元设备的千分之一，特别是对于一座以10亿美元计的工厂而言是很小的费用。当时最重要的是确保设备早一点能用，早一点赚钱。这话很"俗气"，但是最实在，是经营者时时刻刻不可忘记的（其实对额外花钱出差这件事，我重视的是要营造一种风气：鼓励工程师对"挑战"要敢想、敢说、敢做、敢承担，未来才能挑战自己，提升企业的活力）！

后来事实证明："one-day hook-up，一天装好新机台"的要求是可行的。

德国德雷斯顿之旅记趣

在茂德科技开始生产爬坡前，公司有一批工程师前往德国德雷斯顿（Dresden）受训。我在谈判的过程中也曾去当地出差，当时同行的还有负责研发、厂务和生产的三位同人。开完会之后，我们四个人利用空余的时间共同租了一部车子，体验了一回德国高速公路，顺便去柏林经历了"到此一游"的体验。一路上，我发现欧洲大城市的建筑大多是石块建起来的，所以经过漫长时间也不易损坏，而中国的建筑多是木材结构，保存不易。

在通过东柏林和西柏林交界的勃兰登堡门时，我们发现有很多女郎在街边挥手。起先以为她们要搭便车，我们就好心地开向她们帮忙。后来发现不对，她们每个都浓妆艳抹，像是站街女郎在拉生意！于是我们赶快开车离开，留下她们在后面又是招手又是呼唤！我们惊讶地发现，先进富裕的德国竟然有公开的站街女郎！这算是这次旅途中的小插曲。因为时间关系，我们在东西柏林交界处附近的两边市区绕了一下，就往回开了。回程途中，我们顺便去凭吊了拆除后留下来做纪念的那一段柏林围墙，上面有很多我们看不懂的涂鸦，大概在诉说着一段段历史的遗恨吧，想想多少人的挚爱冤死在这里！还好，现在围墙没有了，两边人民自由来往几十年了，虽然听说原来分在两边的人在思维上还有些差异，产生了一些社会问题，但总比不能往来要人性化多了。

德雷斯顿西门子工厂的外墙是透明玻璃建成的，里面工厂的运作在外面都清晰可见，大概是为了方便采光，节省照明的电费吧。这样的设计是我第一次看到的。我们也在AMD在德雷斯顿的工厂附近绕了一圈，但因为没有正式预约，所以无法进去参观，只欣赏了一下其建筑外观。后来知道，德雷斯顿是德国的工业重镇，二战时曾经受过同盟国地毯式的轰炸，城市建筑物破坏很严重，一直到我们1995年去的时候还在修复。我们所住酒店旁边的大教堂，在战争已经过去半世纪后还没修复完，大概是为了修旧如旧而慢工出细活，也可能是石头造的建筑物比较不容易修吧。

第三章 天涯屐痕：就业记

产业转型的构想

在茂德科技的工厂还在爬坡，没有实现量产时，我已经意识到原来的6英寸厂做内存已经无法和国际大厂的8英寸厂的成本相比了，因此我向公司提出转成做晶圆代工（foundry）的构想，而且提出以后技术必须自主，不能再靠转移了。但是公司大部分人一方面因为当时内存市场还很旺盛，即使用6英寸做利润还很高（我们一个成本4美元的16M DRAM曾经卖到20美元），即使只是减产都很可惜；另一方面觉得自己开发新工艺不但花费多，风险也大，技术转移虽然一样也要花钱，但风险比较小，我们转移冲电气公司的技术就很成功。因此大多不赞成6英寸厂减产内存，导入晶圆代工业务。我认为6英寸厂的利润在景气的时候确实不错，但是一旦市场衰退，转移方用自己开发的当代技术都已经亏损了，转移给我们老一代过期技术，我们就要大亏了！

但是因为当时公司积累了很多利润，员工也都在股票上赚了一笔，作风不免保守起来，没有了当年置之死地而后生的危机感。我孤掌难鸣，只好选择黯然离去，准备自己募资成立代工公司。后来果不其然，内存市场从1993年史无前例的兴旺之后，从1996年开始步入史无前例的大衰退，而且时间也长得史无前例，在2000年后接连经历两次盛衰循环，终于让中国台湾的众小厂奄奄一息；日本、欧洲众大厂和中国台湾的茂德科技玩不下去，直接退出；留下的韩国三星、海力士两大厂和美国美光（Micron）共三家，也都在脱了一层皮之后，在21世纪10年代这次史无前例的兴旺中浴火重生，三家分享产业从此以后的荣光！

在这次清洗中，黯然退出舞台的公司除了茂硅的合作伙伴冲电气公司和西门子，还有坚持原创所有内存的美国英特尔，以及摩托罗拉（Motorola）、德州仪器、AMD，还有日本所有盛极一时、赫赫有名的内存公司日立、东芝、富士通、NEC等。它们都由盛及衰！现在内存的强棒——韩国三星——虽然家大业大，当时也陷入苦苦挣扎，靠政府协助，最后才存活下来；现代电子靠政府协助，与金星整合成为海力士以求生存，也曾被数次拍卖，经过苦熬，终于存活下来。

现代和金星合并成为海力士，造成一大批韩国工程师"南漂"到马来西亚古晋的第一硅公司（First Silicon），给没有人才的马来西亚集成电路制造业带来了一场"及时雨"。这时候，台湾地区的一些内存公司经过一番挣扎，加上当局和业界时不时做些努力，最后南亚科技亏得"富爸爸"的支撑才幸免于难，发展成台湾内存产业的标杆；华邦电子、力晶半导体也脱了一层皮，元气大伤；茂德科技最凄惨，破产重组，卖掉所有工厂，成为产业服务公司。这些公司虽然生存下来，但无力再参与需求量最大、技术要求最先进、设备最昂贵的主流大宗内存产品（commodity product）

的游戏，只能以落后几代的技术生产需求量少、售价比较高的专用标准产品（ASSP），让我们一群曾经为台湾内存产业努力过的技术人员唏嘘不已！

当时台湾地区所有的内存公司中，只有旺宏电子因为有自己的闪存技术，生存容易一些，但因为市场低迷太严重，时间太久，也受到不小影响。这么大的起伏，使得一直到2015年，市场机会才再度出现，最后只剩下三星、海力士、美光这三家从此在世界上共领风骚。1997—2015年期间虽然因为千禧年、金融危机等也有些小小的起伏，但都没有1997年以后那几年的衰退那么刺激和扣人心弦。

同样，大陆的首钢和华虹曾经分别从日本NEC技转6英寸和8英寸DRAM技术，中芯国际开始时也以富士通的DRAM作为调试新生产线的试金石（test vehicle）。师傅领进了门，但这些企业都没有做好自主研发技术的修行，付了一大笔技转费后却"船过水无痕"，没有培育出自行开发内存产品的火种。目前大陆内存产业已落后数代，正在以各种方式奋起直追，希望交过昂贵的学费之后，相关企业能早日做到技术的自主可控！

2015年起，因为互联网、智能手机、虚拟货币等兴起的正面影响，内存市场再度开始一波大起至今！这期间（2022年），我国面对集成电路每年2万亿元人民币以上、还在节节高升的贸易逆差，加之美国主导的贸易壁垒，更加意识到要生存，要成为强国，集成电路产业技术必须自主可控。这是强国的标配——要有牛奶喝，还真必须养牛——集成电路产业是世界新基建！

因为集成电路是所有民生经济和国防科技的基础，大陆使用的集成电路种类和数量80%以上靠进口，因此，怕失去世界霸权的美国及其追随者要压制中国崛起，最有效的办法就是摧毁国际贸易自由化，使集成电路不能货畅其流。如此，中国的民生经济和国防科技便无米可炊，成长困难！

离开茂德后的几件事

我在1997年3月离开自己参与创办的茂硅和茂德科技成立的新公司，准备筹募资金开办单纯晶圆代工事业。其间，我做了一些顾问工作赚钱养公司，曾受邀到泰国评估由张汝京先生建的、因为1997年亚洲金融危机影响而暂时停工的工厂该如何重新启动，并在事后给了一份建议书。可惜该项目之后就没有下文了，也不曾听说泰国有集成电路生产工厂出现。这之后，我做了以下几件事：

第一，协助创立合晶科技股份有限公司。

这时，茂硅的原始股东、我的同事，也是我在斯坦福大学时早一届的学长焦森海博士的弟弟焦平海，从原来工作的美国晶圆材料生产公司Siltec离职，在美国创立Wafer Works，先用位于上海的硅片厂代工合作生产销售小尺寸（4~6英寸）、专门供生产功率器件用的比较特殊、价格比较高的重掺砷单晶硅晶圆材料，打算证明技术的可行性后再图发展。Wafer Works也在台湾地区成立了合晶科技股份有限公司，计划募资成立公司建生产晶圆材料的工厂，做从拉晶、切片到抛光的一系列完整生产过程。因为我有在台湾地区创立公司和经营工厂、协助公司成功上市的经验，并且已经离开茂硅集团，对方就邀请我担任台湾合晶的董事长，协助募资建厂。

我乐于对台湾的半导体产业多做贡献，硅材料又是我的本行，就义不容辞地答应了参加。果然公司在所有同人的努力下募得必要资金，买下杨梅镇一家不再从事铝材料加工的公司的现成厂房，改建成晶圆生产厂，节省建厂时间。一切很顺利，我们陆续完成了工厂改装、装机、试产的所有必要过程，顺利出片。在这之前，因为Wafer Works已经利用上海硅片厂生产产品，业务已经做开，因此杨梅的工厂建好并开始生产后，就有订单可以维持生产爬坡（有趣的是，这座工厂原来使用的材料是金属"铝"，是在化学元素周期表里的第十三位，接下来合晶要做的是半导体"硅"，正好是第十四位，颇有代表当时台湾制造业逐渐由金属加工业传承到半导体加工业的味道）。

硅晶圆是生产集成电路产品的直接材料，是产品的根本。如果硅晶圆有缺陷，则此后经过冗长生产工序做出来的产品就会前功尽弃，影响是全面而且无法补救的，时间和成本的损失太大。因此，集成电路制造公司对晶圆采购的决定，都要安排很多资源，经过很长时间，循序渐进详细评估，根据结果的好坏，决定一家晶圆生产公司的产品是否合格，可以采用。

也正因为如此，集成电路制造公司轻易不评估新的晶圆供应商，一旦选上，也轻易不会更换，除非在使用的过程中发生严重质量问题。集成电路制造公司一般在景气很好时，因为生产线供不应求、生产来不及，只要原来的材料供应顺利，是没有评估新供应商的时间和意愿的；只有在当前的供应商供应不顺利或是景气不好、生产线比较空时，才有意愿评估新供应商，增加货源，以备不时之需。

晶圆材料的规格由高到低大致分成三个等级：可以做集成块产品的产品级晶圆；不能做产品，只能用来验证单元电路器件或单元操作的测试级晶圆；上述两者都不能用，只能在单元操作时作填充用的挡控垫片（make-up wafer）。生产线要引进任何一种晶片都要先评估，只是评估的规则因为使用目的的不同，其严格程度依序由挡控垫片、测试级晶圆到产品级晶圆，由相对宽松到最严格，晶片的售价也由低而高。工厂里三种材料使用数量的比例，会影响产品生产的成本。评估新晶圆供应商的晶圆，一般会从提供规格要求比较宽松的挡控片开始，建立使用信誉后，再一步一步提升到测试级晶圆，最后提供产品级晶圆。

合晶就是这样循序渐进，脚踏实地经过了一个个客户的考验，终于打开从挡控片到测试级晶圆，最后到产品级晶圆的全套市场，成功站稳市场，在世界集成电路产业的晶圆材料供应方面有了一席之地。

第二，志同半导体的失败。

与此同时，我为建8英寸晶圆代工厂，由台湾地区一家历史悠久的家电企业牵头集资，但过程中因为发生了一个意想不到的波折而失败。开始时集资很顺利，募到的资金和目标只差一小段距离。这时候新竹科学园区土地紧张，因此有人介绍桃园龙潭有一片合适的土地，我们就在募到的资金正式入账之前，先拨了相当一部分款项买下了这块地。因为当时我们认为离集资目标已经很近了，有大企业牵头合作应该没有问题，何况他们也同意买。

问题就出在对方口头虽然承诺，但是原本同意投入的款项一直没有下来，项目只好停下来。最后集资不成，募集的投资款必须退给投资者，但是我们已经付掉一大部分资金买了土地，筹备工作花了一些钱，土地又一时卖不出去，只能董事会成员暂时不退款给董事会成员，尽量还款给其他投资者，但是还差的一小部分钱可能导致我们面临诉讼。这时候合晶正在准备上市，我为了避免因此拖累公司，不得已在2002年向合晶主动辞掉董事长职务，同时拿出自己的资金和其他董事一起把钱尽量还给投资人。后来土地有机会被拍卖，回收了相当部分的资金，把投资人的欠款全部还清，我和董事会成员只分剩下的部分，我也就把公司解散了。亏了不少钱，学了些教训！

| 第四章

参与祖国大陆集成电路产业的崛起

从在台湾大学电机系杜俊元教授的课堂上初识半导体，到 1978 年美国斯坦福大学材料系博士毕业的大约 10 年间，我经历了材料学理论的养成教育。从 1978 年入职英特尔到 1983 年离开仙童半导体的共 5 年，是我当集成电路产业"学徒"的时期。1983 年，我这个学徒"出师"后，因缘际会和同事一起创业，很幸运地赶上故乡台湾地区要发展集成电路产业，让我有幸在离开故乡 9 年后有机会回故乡效力。经历在台湾 15 年的创业后，1998 年，我回到大陆，伴随蹒跚前行的半导体产业一起跋涉前进，很幸运地有机会前后参与几家与集成电路产业相关的企业的开创和运营。

第四章 参与祖国大陆集成电路产业的崛起

··投身大陆集成电路产业的缘由

我和祖国大陆的半导体产业结缘于大学时读过的萨本栋前辈一本物理学的书,以及硕士研究生时读过的黄昆前辈一本有关半导体物理学的书。1976年我在美国读书时,也曾与大陆去美国的留学生结识,可惜后来因为论文进度紧张,疏于联系。1991年在香港负责爱卡电子时,因为业务需要,我常常往返于香港和深圳分公司,这是我第一次踏足祖国大陆。1997年参加两岸半导体学术研究与产业发展研讨会时,我和祖国大陆的与会同行一起旅游参观,大家在新竹南寮渔港的堤岸边向西远望,我指着前方告诉大家,海峡对岸就是祖国大陆和台湾最近的福建平潭岛。没有想到我后来在祖国大陆摸爬滚打20年,走过不少地方之后,最后落脚在这里,也是一种缘分!

前面说过,从我1969年大四时在台湾大学电机系杜俊元教授的课堂上初识半导体,到1978年从美国斯坦福大学材料系博士毕业的大约10年间,是我材料学理论的养成教育阶段。从1978年入职英特尔到1983年离开仙童半导体的共5年,是我当集成电路产业"学徒"的时期。1983年我这学徒"出师"后，因缘际会和同事一起创业，很幸运地赶上故乡台湾地区要发展集成电路产业，让我有幸在离开故乡9年后有机会回故乡效力。经历在台湾的15年创业后，我又在1998年来到祖国大陆，伴随大陆蹒跚前行的半导体产业一起跋涉前进，很幸运地有机会前后参与了几家与集成电路产业相关的企业的开创和运营。

我到大陆参与集成电路产业的发展，主要是顺应我对全球产业发展趋势的看法。我认为，集成电路产业始于欧美，经过日本、亚洲"四小龙"，最后将发扬光大于祖国大陆。我相信，祖国大陆迟早"必须"大幅度发展集成电路产业，而我必须参与！

1978年我在美国入职英特尔时，差不多正是欧美创始和引领世界集成电路产业的最初十几年，是产业的少年期，产业正在成长、定性。当时日本正在奋起直追，成果显著，已经在多方面超过欧美，尤其在内存产品上。到1983年我经过10年学校学习理论、5年工厂学徒"毕业"，参加创立茂硅时，轮到了当时所谓的亚洲"四小龙"——韩国、中国台湾、中国香港、新加坡——正要兴起。我有幸已经参与了这几个阶段和地区集成电路产业的发展，当然不能漏掉祖国大陆的发展！

亚洲"四小龙"中，除了中国香港在完成对大陆集成电路产业发展的阶段性任务后逐渐退场，其他三个地区都成绩显著，尤其韩国在内存、中国台湾在晶圆代工方面，都处于世界领先水平；即便是新加坡，以不大的土地和不多的人口来算，外资集成电路工厂的密度在世界上也是很可观的。

从过去的发展趋势来看，产业的发展由欧美大陆往西走，经过太平洋到岛国日本，再经过亚洲东边边缘的岛屿和半岛地区的韩国、中国台湾、新加坡，应该轮到当时改革开放已经20年、拥有人口比上述这些地区加起来还多的中国大陆了。因此，我决心参加这场盛会！

"908工程"的演变

1997年初，我因为和茂硅其他同人的经营理念不同，又觉得这时台湾地区集成电路产业已经有些基础，祖国大陆也即将迎来产业的发展，乃决定自己成立公司，参与开拓大陆市场。

这一年正好台湾交通大学的冯明宪教授主持举办两岸半导体学术研究与产业发展研讨会，大陆很多位业界人士参会。会议过程中，我和大陆与会者谈到要如何对大陆发展集成电路产业做出贡献，他们一致建议，何不组团到大陆看看产业的情况再做商量，并委由刚刚从北京燕东微电子微电子联合公司退休的朱贻玮先生协调此事。于是冯教授和我就组织了包含集成电路产业各环节——设计、晶圆生产、测试、封装等——的一些专家到大陆去考察，先后到绍兴的华越，无锡的华晶，上海的先进、贝岭和还在建厂的华虹NEC，北京的燕东、首钢NEC、华大和清华大学电子工程系（今计算机系）的半导体实验室。①大家对大陆的集成电路产业有了初步的了解。

参观行程完成后，我们在北京和政府负责发展集成电路产业的领导总结这次考察后的规划，得到的建议是，与其大费周章建新工厂，不如利用无锡在"908工程"中已经建好的6英寸厂。因为次年1998年，"908工程"就要验收，往后由华晶自主经营，我们可以去和华晶的领导商量有没有合作的可能。

这一提议，与会的人都很认同，这就像茂硅刚刚成立时在美国Nitron的6英寸厂先验证新公司的能力一样。更何况当时华晶的设备在国内是比较先进的，最重要的是有一批几十个到过杰尔公司（Agere）、在西班牙马德里工厂受过训的工

---

① 华越：华越微电子有限公司；华晶即前文提到的华晶上华半导体有限公司；先进：上海先进半导体制造有限公司；贝岭：上海贝岭股份有限公司；华虹NEC：上海华虹NEC电子有限公司；首钢NEC：首钢日电电子有限公司；华大：华大半导体有限公司。——编者注

程师可以马上上任工作。这时我因为已经在台湾成立志同半导体、准备在台湾建一8英寸厂，就推荐原来的领导陈正宇博士帮忙筹资。

Peter乃与新加坡华登国际（Walden International）的中国区总经理合作，筹资900万美元在香港成立上华半导体公司，和华晶签约成立无锡华晶上华半导体有限公司，使用华晶的6英寸工厂设备，付费使用华晶的动力，由上华负责经营。华晶在1998年2月和杰尔合约期满验收后，正式交由上华经营。这整个过程朱贻玮先生都直接参与，且是主要的促成者，他知道得最详细，在他的大作、2016年出版的《集成电路产业50年回眸》一书里，有非常完整的说明。

华晶本来是从事IDM的，但是这要自己有足够的产品来消化晶圆的产能才行。华晶当时从杰尔转移来的产品不足以消化这么多产能，自己又没有准备好足够的产品，上华因此建议其从事晶圆代工业务，靠众多客户产品的需求才能很快消化全部产能，否则就必须全靠自己，得再安排很多资源去设计开发足够的产品，还要冒市场失败的风险。但是那时候，大陆的晶圆代工产业在全球市场并不受青睐，尤其是价格、交货期和品质都难令客户满意，因此除了国内客户数量不大的订单，境外客户除非万不得已，很少找大陆的晶圆代工服务。华晶上华开始时的业务推广并不理想。

1998年2月上华接手后，Peter请张汝京先生担任华晶上华总经理，所有"908工程"的员工剥离国有企业员工的身份，全部转成合营企业无锡华晶上华半导体的员工，由华晶上华支薪；又对管理系统做了数字化的改造，以提高管理效率；对办公室也加以优化，凸显高科技形象，给客户好印象。一切布置就绪，华晶上华就开始在大陆和台湾寻找客户。上述启动过程花了不少钱，加上爬坡过程的开销，华晶上华在财务上已经开始捉襟见肘。

这时候台湾有一家设计公司在台湾合作的代工厂发生火灾，急需产能弥补，两方就彼此互相成了及时雨！华晶上华的业务于是顺利展开，但是因为公司刚刚重启，客户还是不够多，爬坡不易。因此其业务收入虽然稳定增长，但开支比较大，亏损虽然每个月都在减少，仍然入不敷出，现金一直流失，存量几乎见底，经常不够付水电费和工资。

到大概当年年中时，张总经理因为有更重大的项目要主持，于是离职了。公司一直找不到合适的人接手，华晶负责这个项目的领导就找我，希望我接手担任总经理。我10月上任华晶上华总经理时，发现公司发了工资后已经付不出华晶的动力费了。每个月公司的财务总监要到处去调头寸，我则要到华晶的管理部去请求不要对上华断水断电，说明公司的财务情况每个月都在改善，结清所有欠款及如期付款指日可待，请勿现在杀鸡取卵。我甚至到北京的中国半导体行业协会去请求援助，帮忙说服华晶。这样熬到次年1999年5月左右，公司终于有足够的利润可以按时间支付动力费了，以后就步入了坦途。

我在1999年5月公司步入坦途后不久，就离开华晶上华，回台湾处理志同半导体公司的事情。华晶上华总经理一职由副总经理、原来香港华智的余楚荣先生接任。后来，为了更长远的发展，公司并入了财力雄厚很多的国有企业华润集团，并改名"无锡华润上华科技有限公司"。公司在华润集团的协助下，曾经在香港证券市场挂牌上市，过几年后华润又将之私营化，成为华润集团旗下的全资子公司。后来其投资建8英寸厂，成为大陆集成电路产业的重要成员之一。

我与"908工程""909工程"的因缘

1997年两岸半导体学术研究与产业发展研讨会后，我带团到大陆考察半导体产业时，曾经拜访在无锡华晶的"908工程"和上海在建厂房的"909工程"，后来与两者都有意想不到的缘分。

华晶的"908工程"在1998年2月验收结束和杰尔的关系后，必须自力更生，但是当时有技术、有设备、有人才，却没有资金、产品和客户，无以为继。如前所述，华晶最后被华润集团合并，成为大陆集成电路产业大家庭中重要的一分子，虽然历经千辛万苦，最后也算是圆满完成任务！

而私营企业上海宏力半导体建了容纳一个经济规模的8英寸工厂和一个同样大小的12英寸工厂，引进了技术、人力、产品和市场后，却因为遭遇长时间的景气低迷，经营长期亏损，最后被正在发展起来的"909工程"的华虹合并，为华虹快速扩大产能和市场做出了贡献。

无锡"908工程"转型成功的心得

在我引导华晶上华步入坦途的过程中，有些关心大陆半导体产业的人士对公司的经营方式不了解而有所议论，主要是说我用"高档设备（0.35微米硅栅）生产低档产品（2.0微米铝栅）"，贱用和浪费国家资产，图利特定客户！确实，华晶当初引进的是为生产当时技术比较先进的0.35微米硅栅的产品，人员到杰尔的马德里工厂训练的也是针对这个档次的技术，而我刚刚接手上华经营时，由于没有多少订单，公司曾替客户代工生产了很多档次相对早好几代的2.0微米左右的铝栅产品。

前面说过，当时大陆的晶圆代工不受海内外客户青睐，不容易争取到订单，也就不能很快积累工厂的量产资料和经验来说服更多的潜在客户，争取更多订单。这时，这家客户在台湾的代工厂失火，因此紧急寻找可以代工的生产厂，这对华晶上华来说就像是天上掉下来的馅饼一样，可以得到量产的操练机

第四章　参与祖国大陆集成电路产业的崛起

会。因为华晶用的是档次超标很多的生产设备，所以产品认证很快成功，而且良率高且稳定。加上铝栅技术比较硅栅简单很多，生产周期短，每个月的出货量能多很多，因此每片的价格虽然低一些，但是总的来说利润并不差，公司营业额得以很快稳定攀升，现金亏损稳定缩小，朝获利迈进。同人因此都很受鼓励，士气很高。这更为工厂争取时间来完成量产认证，为引进技术相对烦琐但是价格较好、原本计划生产的硅栅产品铺了路。终于，1999年5月公司现金流（不计价格昂贵的设备造成的高额固定成本折旧）达到损益平衡，时间大概是1998年2月上华接手华晶15个月、我接手8个月后。

我后来在上海宏力半导体时，又发生同样的故事：我用0.13微米的8英寸设备生产三星0.35微米的液晶显示器驱动（LCD driver）。这次我不像在华晶时那么"不幸"——公司经营没有人愿意管，我全权负责，但要自负盈亏——在宏力，我很"幸运"地有董事会管，但结果我一样被董事会指责"贱用和浪费公司资产"，要开除我。我因为早有预感，开会前一天就已经向董事长邹世昌院士辞职了。后来果然证明，宏力的成长因为一直没有量产的产品支撑，而当时引进的DRAM和闪存因为海关手续烦琐，委外测试封装代工物流缓慢，市场价格又不好，因此业务展开困难。恶性循环下，公司的成长比邻居华虹NEC和中芯国际缓慢曲折很多，最后落了个被华虹NEC合并的下场。

··宏力半导体的岁月

在2000年,有朋友向在上海成立宏力半导体制造有限公司的主事者推荐我去先担任副董事长,后转为负责实际日常营运的总经理。我刚入职时,宏力已经有两岸不少工程师和职员加入,厂区正在整地准备开始建厂房。

宏力建厂面积相当大,两座各月产6万片/12英寸规模的厂房同时建造,第一座先生产8英寸晶圆的集成电路产品,第二座准备以后生产12英寸的晶圆。

由于张江是长江口流沙沉积形成的海浦新生地,地质松软,建房子需要打桩。打桩公司估计需要打八千多根三十几米的桩。幸好土地是沉积形成的,相当平整,桩的长短相当一致。打桩很有技术含量,比如由于桩打下去后,桩体会往旁边推挤泥土,因此连续两桩之间的距离不能太近,避免打好的桩被挤斜甚至断掉;打的顺序要科学安排;也不能打太快,这整块地一天最多只能打七十几根,因此光打桩就花了四五个月时间。但是我想桩是整个厂房的基础,一定要打够、打对,因为桩是整个建筑物最下面的基础,如果厂建好以后

第四章 参与祖国大陆集成电路产业的崛起

才发现承载力不够、厂房倾斜，就不好补救了。我只好耐心等待打桩专业公司的安排，完了以后才能开始建工厂。

我已经不是第一次建厂了，但是第一次在大陆建这么大的工厂，因此希望能树立一个高效率的建厂典范。谁知道公司和各个动力及生产设备供应商的议价一拖再拖，到2003年初才完成土建和动力装修，可以搬进第一批生产机台，一共花了两年多时间，进度很不理想。这让我非常无奈。这使我更加感谢和怀念当年在台湾建造茂德科技的工厂时，董事长信任我，在财务上支持我，放手让我无后顾之忧，能全心全力建厂，同样规模的工厂一年就建好了。

由于和日本冲电气公司有约，宏力启动的技术是从冲电气公司转移来的4兆位元0.25微米DRAM。建厂时，冲电气公司刚刚退休的CEO东先生担任顾问，协调两边技术转移的运作。此外，投资股东中有一家做闪存的公司超捷（SST）也转移了技术，既是投资股东又是客户，它来保障产能，进军大陆市场。在启动过程中，我还是采取茂德科技爬坡的方式分秒必争，终于在14天后出了第一批4兆位元0.25微米DRAM，经测试良率不错。同时不久，第一批闪存也出货了，虽然因为工艺要求比较高而良率不佳，但之后有把握提高。

在这同时，我为了保障快速消化未来巨大的产能，就和其他两家邻居友厂一样，去争取了三星0.35微米的LCD driver的订单，未来有每个月需要3万片的可能。当时0.35微米LCD driver一片的价格优于正在线上用0.13微米工艺生产的DRAM和闪存，而且第二年三星将改成0.25微米，每片价格更将提高20%，在当时是很好的价格。有这么大的订单兜底，刚刚建好的大工厂可以尽快做到生产规模合理化，成本降低，在市场上做晶圆代工很快就能有竞争力。

  我一向认为，资产投资和日常经营支出都这么大的集成电路生产工厂，即使不生产，每天的开支就很大了，因此工厂不建则已，建了就要想办法快速高效推动量产运营，以求早日回收成本。而且我还认为，代工厂要考虑的应该是各种产品的利润率和总利润，而不是做什么工艺，只要有能力做、能赚钱，应该什么都可以考虑做——产品不管高档、低档，能赚钱的就是好产品！当时三星0.35微米产品的工艺不但比公司0.13微米的闪存和DRAM的工艺容易许多，利润率和总利润更是高很多，量也很大，对于当时的公司来说是很好的客户；另外公司刚刚开始，正需要快速爬坡成长，三星比较容易的生产工艺正好可以担当帮助公司快速成长的角色。

  另外，代工厂也需要有足够的客户带来对市场反应不同的各种产品，才能保障未来市场波动时，工厂维持比较平稳的产能使用率。公司本来就引进的闪存和DRAM都是需求量很大的产品，一旦量产成熟就可以快速提升产能需求规模，宏力有每月6万片的生产能力，能兼容这些产品。因此，虽然SST产品的整合生产工艺复杂，我还是特别增加人手，加强了负责这一产品的团队，使得良率稳定提升。另外，对晶圆代工的客户，从业务洽谈到出货收账真正看到运营收入的过程非常漫长，因此协助老客户成长比引进新客户要实惠多了。SST是第一个老客户，进度虽然慢，但也快达标了；三星的产品很成熟，我们的设备又先进很多，并不需要太费心，工厂要照顾好所有新老客户是没有问题的，我自认为这是很好的规划。

可惜董事会不这样认为，认为我是贱用公司高档次的资产（0.13微米）制作低档次的（0.35微米）产品。我只好因为理念不合而辞职离开，总计在宏力工作两年半。我离职后不久，公司就因为亏损太大，被同业的华虹（原来要从日本NEC引进DRAM的"909工程"）并购，成立上海华力微电子有限公司，成为目前大陆集成电路产业的重要一员。

··对在华晶上华和宏力从业的反思

我在华晶上华和宏力半导体的经验，让我领悟到大陆半导体产业过去花那么大气力追赶却还是落后的原因，至少有技术和市场两方面：

第一，技术方面。缺乏自主可控的先进技术，自行开发的能力薄弱。跟不上国际先进企业追随摩尔定律进步的步调，落后的程度不断积累，结果差距越来越大，问题越来越多，失掉了应对解决的方寸。

第二，市场方面。不能直面本身晶圆代工不受客户青睐的事实，因此不能实事求是、客观地分析其根本、真实的原因，加以改善，例如价格太贵、交货时间太长、品质不稳定、服务有待加强等，都是当时的一些问题，因此市场打不开。

在日新月异的集成电路产业，一个新加入的供应商必须展示至少与同行并驾齐驱的技术、生产、价格、服务的能力。为力求挣脱历史积累的严重落后的短板，从业者必须解放思想，比如先付出"贱用、浪费"资产的代价，换取"以上士对下士"的优势，弥补自己的短板，先争取到客户快速形成商业化批量生产的格局，再图提升到原本计划的技术目标，获得满意的利润。

生产企业如果不能很快得到批量生产的实践机会，并从中学习、进步，也就无法演绎出自主可控的先进技术、再创更先进实用的量产能力。相反，世界先进的竞争者正以摩尔定律的速度越行越远。结果，我们只能落入技术落后和市场不振的恶性循环！

虽然很多同行为了克服技术落后的问题，也曾经从外面转移技术，希望用中途插队来拉近差距，但是在技转过程中没有学到如何"无中生有"和"从头到尾"地开发新技术、新产

第四章　参与祖国大陆集成电路产业的崛起

品的方法，只学到"这次怎么做"，不知道"为什么要这样做"，更不知道"下次该怎么做"；再加上只关心"要怎么做出来"，没考虑"要如何卖出去"，以为集成电路产业只要按照过去发展传统产业成功的模式——花了钱、买了设备、转移了技术——就等于工厂、技术、产品、市场都齐了，只要价格一降，生意就会马上滚滚而来。结果就是很多人铩羽而归，造成社会对投资集成电路产业的印象不好，望而却步。

以集成电路为核心零组件的高科技整机产品（如手机、电脑等）中，使用的集成电路种类和数量很多，而且集成电路的相关技术在摩尔定律的牵引下，性能提升、价格下降都很快。因此，客户对供应商的要求除了在商言商，价格必须要有吸引力，供应商还必须有不断开发新技术和产品的创新能力、及时提供足够产能的生产能力、维持产品质量的稳定到位的性能能力等。这些都是客户评估供应商的重点，评估的过程是严格、冗长的。

所以，客户对已经评估过的、有信用的供应商不会轻易更换，也不会轻易再评估、引进新的供应商。大陆供应商作为后来者，应该按照市场现实，弹性定价、把握商机；要按照市场规律先建立商誉、打开市场，企业才能步入"量产商品化"和"自主技术开发"互相催化的良性循环。

这是大陆集成电路产业过去不能和先进地区同步成长的主要原因！

宁波中纬

离开宏力半导体后,我在2001年参与创立中纬积体电路(宁波)有限公司时,正好碰上经营危机,我乃以原始共同创始人的身份担任总经理职务,希望能协助公司渡过难关。

我早先创办的亚太科技和台湾某家半导体供应商合作,把台积电创业时租用台湾工业技术研究院厂房建的第一座晶圆工厂里的6英寸设备,连同部分工程师、技术、产品(特别是那时有大量需求的LCD驱动器)和客户,一起转到了宁波中纬在北仑区新建的工厂。这就像是2022年美国要台积电把在中国台湾的3纳米工厂设备连同工程师、技术、产品和客户,一起转到美国亚利桑那州新建的工厂一样。只是前者是台积电自愿的,技术是最成熟的;后者台积电是被迫的(台积电并不想去,因为美国半导体制造成本比中国台湾高出20%以上,经营效率又不好),技术是最先进的。这一前一后时隔20多年,技术上一个"最成熟",一个"最先进";一个后来助力中国新能源汽车的发展,一个号称象征美国制造业的"回归",多么有趣的对比呀!

第四章　参与祖国大陆集成电路产业的崛起

当时不知何故，项目签约时，银行承诺中纬的贷款迟迟不下来，因此虽然从台积电技转过来的6英寸厂LCD驱动器的技术和产品代工的爬坡很成功，品质也很快被客户接受，但是产能太少（台积电转移过来的设备原本不是正式规格的量产生产线，当时为赶时间先租台湾工业技术研究院的现成厂房太小，部分设备太少，备品又不足、难找，因此常常停机，影响产出）。这时中纬正需要少许资金购置部分瓶颈设备和备品，以提高产出至少达到现金流平衡，以维持生存，再图盈利。一共尚缺200万美元，但是银行贷款下不来，台湾投资主导方也不再想办法投入资金。我只得眼睁睁地看公司资金开始周转不灵，更麻烦的是还要应付前任借的高利贷的债主带一群十几个人来公司逼债，在公司门口不走，最后报警才把他们请走。

就这样经过一番努力，我们还是无法挽回中纬财务上周转不灵的难题，最后只能关厂被法院拍卖。这家工厂最后被汽车制造公司比亚迪买去，一方面仍然做代工维持运营，另一方面开发绝缘栅双极型晶体管（IGBT），为电动汽车的发展做准备。

我和中国汽车产业和高铁产业的缘分

2006年我离开宁波中纬，2008年受转到张江高科技园区的上海北车永电电子科技有限公司董事（我在宏力时的董事长邹世昌院士）邀请，担任北车科技的总经理一职，从事高铁用IGBT的设计和开发。这是一位茂硅老同事马正琨博士开创的公司。这时候，因为中国高铁有计划自产其核心组件——高功率器件IGBT，公司已经从瑞士的ABB技转了封装技术，从ABB进口芯片封装成IGBT模块，打算进一步自己设计、生产芯片。

我入职时，公司已经具体设计出1700伏、3500伏和6500伏三种器件，其中前两个产品已经在上海先进半导体做前段晶圆正面的流片工艺，后段背面的背金工艺则在山东东营的科达半导体有限公司做。东营的科达半导体是由一位从美国回来的海归创办的，属于当地的民营企业。

当时公司为节省开支，开发的方式是等每次实验投片生产出来后，经过仔细的性能分析，确定下一批实验要优化的工艺后再投片。可是因为还在实验阶段，每次投片片数比较少，营业额对于上海先进半导体这样商业化量产的代工企业来说太小了，而且实验的制程和当时生产线上的标准工艺差异比较大，会影响现金半导体量产的效益，因此排班上线制造的顺序总是排在最后，基本上是利用设备有生产空档的零碎时间来做，因此进度很慢。因此虽然大大小小只有四五十道工序，但通常要三四个月才出一次实验结果，对开发全新的产品和生产工艺的进度来说，实在太慢了。

在上海先进半导体做完正面制程之后，还要送到山东东营的科达去做背金制程，这导致整个进度更慢，严重时差不多要半年时间才能完成一次实验，测试分析出结果，指引进一步优化新产品开发的方向以后，重新投片做新实验，又是三四个月，进度非常慢。

因此我建议，工程师先大量投片，这样在工艺整合的几个关键节点，才有足够的晶圆可以分批留片，等分析出来后发现某一节点必须修正，同批前面的工序都是正确的，再放行同一节点的留片，这样不必从头开始，可以节省很多时间。而且因为要留片，每批投的片数比较多，生产上就比较有效率。当时3500伏开发的进度比较领先，工艺整合的细节差不多可以固定下来，接着就是要做进一步微调并统计其重复性，需要频繁投片。

因为整个生产至少要三个月才能出片分析，太慢了，于是我要求每星期按重要参数的微调需要，分批投一次片，这样平均每星期都有一批实验片出来，可以有比较充分的数据来确定重要工艺参数的容差范围及其重复性。虽然这要花费比较多的代工费用，但是这些费用对于高铁这样大格局的产业而言应该不大。何况这整个过程是迟早必须要做的，现在只是连续重叠起来做，工程师的工作量比较大、工作比较紧张而已，这是大家分内的任务。而且，这样更可以提早好几个月证明新产品的开发是否成功，是否值得批量生产，可以送到在西安的部门去做封装，快一点得到足够数量的集成块给车辆的机电箱试用，测试其真正在车上使用时的可靠性，让高铁这种大规模、高层次的标杆产业的核心器件尽早做到技术自主可控，而不只是别国零备件产品生产企业的销售工具！

但北车科技的经营者只有传统产业的经验，受不了每个月这么大的投片开销，马上叫停了我的规划。这时除了3500伏，1700伏和6500伏的实验流片也已经在上海先进半导体、华虹和科达处于不同的流片阶段，但因为同样都还在研发阶段，这一叫停，进度更慢。北车科技最后在IGBT的开发上一事无成！幸好还有南车集团合并国外先进企业，引进产品及技术，并且实事求是地、正确地在湖南株洲投资建8英寸厂，开发生产IGBT及其他必需的功率器件，终于使我国高铁产业所有器件逐渐完全国产化！

第四章　参与祖国大陆集成电路产业的崛起

··参与成立长沙创芯

我在北车科技担任总经理两年后离职，之后曾经协助朋友在很多城市推广创立6英寸和8英寸集成电路生产代工企业，到过成都、沈阳、北京、珠海、南通、济南等城市，但这些企业都因缺乏自有资金的投入而没有成功。

2008年，承蒙以前茂硅同事的介绍，我开始协助黄曦先生成立长沙创芯集成电路有限公司，打算在湖南长沙建8英寸厂，资金已安排好，不幸碰到2008年全球金融危机，原来答应出资的公司退出。黄先生改变战略，建立资金需求相对小很多的6英寸工厂，募得资金后，工厂建在湖南长沙经济技术开发区内。公司在2010年成立，破土兴建厂房，并且访得美国飞思卡尔（Freescale）在法国图卢兹的6英寸工厂关闭，所有设备要拍卖，于是把握机会中标买了下来。就这样，新工厂完整的硬件设备也有着落了。

我协助朋友和黄曦先生建晶圆代工公司是出于一个理念，我要用事实向集成电路界证明：中国大陆集成电路产业发展的空间非常宽广，需求量和种类都非常可观。不但先进的、旨在通过使晶体管小型化来提高性能的"more Moore"（延续摩尔定律）产品和工艺必须赶上，在这个万物互连蓬勃发展的时代，不同类型传感器和物联网装置所触发成长的种类众多、有广泛应用空间的"more than Moore"（超越摩尔定律）产品和工艺，也必须赶上先进国家和地区。但是生产前者的工厂需要的资金在千亿元以上，不是普通的民间新公司可以承担的；后者所需资金则从几亿到几十亿就足够。我希望能够给只有传统产业经营经验的大陆民营企业和民间投资者做个示范，使大陆能够像台湾20世纪80—90年代的10多年间那样，民间企业和一般投资大众同心协力，大幅度投资集成电路产业。以当时台湾的投资热潮和单位面积的工厂数来看，正是典型的"一窝蜂"和"遍地开花"才造就了如今台湾在国际集成电路产业中占据的一席之地。以大陆的格局，无论就人才数量、可用土地、资金能力还是市场需求等各方面来看，迟早是要分得世界集成电路产业至少半壁江山的。因此我1997年离开茂硅后就在大陆到处奔走，利用参加产业研讨会演讲、在网络上发表文章、上门拜访说明、实际经营企业示范等方式，呼吁大家通过各方面踊跃参加建设中国集成电路产业。虽然时机尚未成熟，20多年来成就不大，但毕竟撒下了一些种子，期待未来无意中开出一些花来！

集成电路产业自20世纪60年代萌芽成长，半个世纪以来，已成为市场规模高达5000多亿美元的产业，并且仍在不断变

第四章　参与祖国大陆集成电路产业的崛起

化，比如近年来主攻内存的三星和主攻CPU的英特尔也加入了代工行业；主力产品由固定的桌面计算机，向可携带及移动的手机电脑二合一产品转换；如今全球网络的发展，造成原先在CPU市场上不可一世的英特尔成长缓慢下来，而移动通信设计公司不断膨胀。整个半导体产业发展史告诉我们两个不变的真理：一是世界文明不能没有半导体，半导体产品和人类的想象力两者之间不断良性互动，带动人类文明的走向和进度；二是半导体产品不断涌现，应用不断扩大范围、不断推陈出新，领先产品不断转换，因此有人说，任何时点全球都有三四万种半导体产品在市场上交易，应该只会多不会少。

这两个特征说明半导体的需求是永远存在的，但是玩家和玩法随时在变。玩家进进出出，一直以来都有公司因为种种原因消失或重组缩小，这都不是产品退场造成的，而是新应用出现，原来领导者的经营模式和方向没有跟着及时调整。只要经营模式适合企业的条件，企业就能永续经营，为社会做出贡献。我就是基于这个理念加入了长沙创芯，希望成为一个新玩家。

长沙创芯开始的时代背景，是当时政府为发展集成电路产业，政策性推出了许多新企业，但这些企业多呈现长期亏损的状态，使得各级政府和民间投资人都对投资这一产业望而却步。但是常言道，越是"众人皆曰不可"时，越是进入的良机，等到大家觉醒过来蜂拥而入时就晚了。因为半导体产业前置作业的时间太漫长了，君不见国内一些早期的太阳能和LED等半导体企业，经过一番风雨，长期亏损后，在2016—2018年经济大幅度回升时，借着过去不懈努力沉淀出来的基础，经营效益大大改善，创造了前所未有的利润，并因此站稳脚跟，为国家的制造业添砖加瓦，成为引领世界的一张名片！这些企业再次证明我国在高科技半导体产业独立自主的可行性。长沙创芯因此在2011年大胆投入。

长沙创芯的经营理念

我在长沙创芯提倡的经营理念和一般公司有很大的不同。形象地说，就是落实虚拟整合器件制造商（Virtual IDM）的理念——要使纯晶圆代工厂像是有集成电路产品设计和销售功能，而使没有工厂的产品设计公司客户像是自己有生产工厂一样；在技术和企业经营上创新，代工厂和客户如同一家人。因此公司经营有以下的特色：

1. 技术方面。创芯不但有自己的整合工艺技术，可以提供给客户设计产品，而且和客户之间有更密切的配合——创芯让拥有自主开发的特殊生产工艺的客户利用创芯的工厂开发自己独特的产品，就像茂硅创业时利用Nitron的工厂一样，只是创芯并不要求他们转移技术为己用。虽然人们直觉地认为这样做会提高工厂经营的复杂度,但是依照我的经验,这是可以克服的,而且也有好处。因为客户自己的专家参与监督自己产品在工厂里的生产过程,所以不但可以减少代工厂操作员因为不熟悉而产生的误操作,同时可以使未来双方在产品工程(product engineering)作业上的交流更容易,结果更正确有效。另外,创芯为客户代工生产的产品不限于必须使用自己提供的工艺,可以引进客户自己的工艺,这样产品的种类更多,不容易受市场淡旺季的影响。

2. 统一技术整合,衍生新技术。创芯可以在客户有条件同意的情况下,适当引进很多不同产品和工艺,如CMOS、肖特基(Schottkey)、bipolar、BCD[①]、掩模只读存储器(MROM)、金属栅(metal gate)、传感器(sensor)、微机电系统(MEMS),等等。创芯的研发工作就要把这些整合工艺流程中的模块工艺尽量统一,同时在整合过程中衍生出不同的整合工艺流程,可以将更多的产品整合在一块芯片上,降低成本,提高性能。

3. 推动"极致"的经营管理。能这样做是因为"more than Moore"世代的工艺多已经非常成熟,因此规格可以更加严格控制而被推到极致。例如:任何新产品第一次试作就

[①] BCD 是 bipolar CMOS DMOS 的简称,指在同一个芯片上集成了双极晶体管(bipolar)、CMOS 和 DMOS(双扩散晶体管),这种工艺最早由意法半导体公司于 1986 年推出。

成功；产品的整个生产流程不中断，浓缩生产出货时间；每片产品的良率向100%发展等！

仔细分析整个半导体产业，在随时流通的三四万种产品中，有些必须使用最先进、昂贵的设备才能竞争，如内存和CPU。但也有很多产品反而应该使用成本低的成熟工艺和设备制造才有市场竞争力，这类产品又可细分出很多不同规格的特殊应用，以达到应用最优化、成本最低化、耗能最少化的目的。由于适合应用的场合形形色色，所以这类产品多是"少量多样"，而且因为应用范围小，电路设计相对简单，芯片面积通常比较小，不必用昂贵的最先进的设备和工艺来制造。决定这类产品经营效益的最重要指标是电路设计特殊化、生产工艺优化和生产管理高效化，而不是生产工艺技术水平是否最先进。

高效的生产管理模式是长沙创芯的基本经营理念，旨在改变过去半导体产业新公司一向靠最先进技术才能竞争的传统思维。长沙创芯的经营模式是处处为客户设想，以积极、分享、合作的精神，最大限度满足客户的需求。

长沙创芯充分了解到自己是业界的后来者，相对于经营已经稳定的前辈，长沙创芯还有大段艰辛的爬坡过程。因此，当时我们的战略是脚踏实地、"一步一个脚印"地由简入繁、由易入难、由小到大、由亏损到获利。未来依市场需要，由6英寸到8英寸到12英寸，希望为更多的产品进行代工服务。

第四章　参与祖国大陆集成电路产业的崛起

中国幅员辽阔，拥有约占世界1/5的人口，改革开放40多年，不但建立了广大的内需市场，也累积了为世界各地客户服务的视野和经验。世界半导体产业经过半个多世纪的沉淀，发现除了部分特殊产品，中国在半导体制造方面将来必然也要成为"世界半导体制造工厂"——这样，中国的产业将从传统的劳动密集型制造业转型成技术密集型制造业（甚至把劳动密集型制造业改造成深度自动化的技术密集型制造业）。目前我们在这方面比世界先进地区当然还有一段距离，但是只要我们能正确判断情势，不被过去成长过程中的遭遇误导，能采用正确的战略和手段，坚定信心，中国一定可以继续在集成电路产业为促进全人类的文明做出绵绵不断的贡献。

集成电路行业仍然是朝阳产业，中国要成为"世界半导体制造中心"，固然必须在目前落后甚多、竞争激烈、投资金额巨大、先进的"more Moore"产品方面积极投入，也要意识到应用广泛、已经成熟的"more than Moore"方面的产品同样重要。中国因为产品种类仍然不够多、市场份额不够大，所以必须积极投入，在"量"的方面赶上世界水平，以免被别人"卡脖子"。简单地说，中国在集成电路产业方面别无选择，必须无所畏惧地全面发展！只要经营战略正确，一定能成功！

综合我前后参与宁波中纬、长沙创芯和上海北车科技的经历，前两者并入比亚迪，为发展汽车用IGBT节省了很多自己建厂生产的前置工作；后者为中国高铁用IGBT的技术自主可控做了准备。通过这些工作，我无意中参与了为中国汽车和高铁两大交通产业独立自主现代化的进程，留下一点涟漪，也算不虚此行了。

长沙创芯经营倡议

长沙创芯在2016年停止生产后，董事长一直努力希望能想办法复产，我也准备了未来公司经营的倡议，打算如果复产成功，能和公司同人互相交流未来公司的经营策略。可惜后来复产没有成功，这封信也就没机会发表了，因此收录在此作为纪念。

长沙创芯经营倡议

董事长创立创芯，让我们有缘聚在这里，一起为多年来全球一片合并和关厂声中的集成电路产业注入新气象。大家也多积累了几年产业经验，特别是难得的创业经验，使我们成为真正经历跌打滚爬过来的"1代"，而不是不知道"钢铁是怎样炼成的"的各种"2

代""3代"。

董事长一直在为创芯的未来布局，不久将有具体的方向，创芯将成为我国真正意义上私营的、从零做起的（start from scratch）、高科技制造企业"创客"。我们要和董事长共享打造这个中国梦的过程，就要深刻反省和学习这次得来不易的亲身参与公司创建的经验，一同精致地"雕刻"创芯"创新"的经营战略和战术，作为未来发展的基础。

一、从亲身参与建厂的经验中反省和学习

创芯是一群没有产业经验的同人和少数业界专家从零开始建立的。四年来我们一起爬坡过坎、克服各种困难，固然取得了一定的成果，但要面对产业的竞争，是难言满意的。我们每个人必须真心反省自己的不足和错误，并且直面难题、学习成长。我把这次创芯从零做起的建厂工作，比喻成为将来建更多工厂的"工程批串线"（engineering run）。工厂里工程批出片后要做WAT/CP/FT/Rel[①]等不同阶段的品质及交货

[①] WAT（wafer acceptance test），晶圆可接受度测试，指晶圆生产出来后，在出晶圆厂之前要经过一道电性测试。CP（chip probing），晶圆测试，指对晶圆进行电路测试。FT（final test）指对封装好的芯片进行测试。Rel（reliability），可靠性测定试验。

期准确度考核。特别重要的是，考核后没有达标的要做失效分析，并且找到改善的方向以帮助未来大批量投产时更完美，避免更大的损失。同样的，创芯建厂后也要做全方位的考核、分析，找到可以改善的方向，应用到未来投资建设更多、更大的工厂上，得到自己能满意的结果。

要从这种反省和学习中得到真实有用的知识，过程必须遵照下面三个原则：客观、实事求是；不推诿塞责；谦虚地广纳不同意见，不可自以为是。深刻地辨证，不做表面文章敷衍了事。否则不但浪费时间，还可能导致错误的结论，造成未来严重的损失。

二、规划创芯永续经营的战略和战术

企业经营的战略和战术由董事会和经营团队分别负责规划、共同合作完成且彼此认同后，浓缩成各种财务预测的报表，作为经营团队执行和董事会考核的依据。

由董事会决定的企业战略包括：

1. 要做什么？创芯要循序渐进，做由6英寸到8英寸再到12英寸工艺成熟的"more than Moore"产品的集成电路晶圆代工企业。目前设备能做的产品都做，以后工厂多了再逐渐各厂专业化。

2. 为什么要做？因为未来智能产业一定蓬勃发展，集成电路需求的种类和数量也一定会不断成长，对于制造业基础雄厚的我国而言，还有很大的发展空间。

3. 要做一个怎样的企业？创芯要做一个实实在在落实"环（环境保护）安（工业安全）卫（职业卫生）"社会责任，能促进社会进步，让股东、员工、合作伙伴都得益的制造企业。

4. 要建立怎样的企业文化？创芯全公司上下一体，追求成为极致的现代精致制造企业，并且股东、员工、客户、供应商、政府、社会之间和谐相处，建立敬业乐群的企业文化。

5. 要以怎样的组织架构运作？为配合未来发展，创芯设总部和地方分公司。总部统筹行政、财务、人力资源、采购、业务、贸易、信息等通用功能以实现规模效益，并且对各地分公司的需要提供全部或部分的有偿（内部作账，但要真实反映市场成本）支援和服务，以减少分公司非专业的经营负担。其绩效依照账面利润和服务对象的满意度来考核。地方分公司财务独立，负责生产、研发、"环安卫"、品保等专业功能，其绩效以进度和投资回报率来考核。

经营团队依据上述董事会的战略，以最高的投资回报效益为目标，制定运营战术。这些战术主要包括以下项目：

1. 分公司运营要善用外部现成的资源，包括公司总部、公司外和网络信息等。

2. 善待供应商，花钱（买）要花得最实惠。

3. 与客户在公司运营上有更多方面的、深入的互相参与，赚钱（卖）要赚到最大收益。

4. 严格制定合适的目标管理制度（management by objective，MBO），确保每个员工的工作品质到位，预算不超支，进度不落后。

5. 视员工为事业伙伴。公司定期和员工沟通经营理念和成果，也要经常和工会及党支部交流，争取共识，彼此信任。

作为后来者，我们必须要在同业传统的经营模式上有创意，经营效益才能更好、更有竞争力。

三、经营团队的运营要依据财务报表

财务报表包括现金流量表、损益表、资产负债表、股东权益表、财务绩效表。期初的财务预算报表里有很多经营团队对资源（人力/设备/资金/技术）的需求、对进度的承诺和对运营战术的专业估计及假设。董事会同意期初预算，表示董事会对资金的需求有把

握,对经营团队的运营能力有信心,因此财务预算报表是经营团队运营、董事会考核的依据。

企业的运营是不断的规划(plan)、执行(do)、考核(check)、改善(action)的循环。期初的财务预算报表是全公司PDCA循环中规划(P)的过程,是"凡事预则立,不预则废"的"预",是"谋定而后动"的"谋"。期初预算经董事会认同后,经营团队便按照它开始运营,进入执行(D)的过程。经营团队运营过程要以目标管理的手段定期考核(C)进度和资金使用,一旦进度落后或资金超支必须马上全力弥补(A),以免问题扩大到不可收拾。能否忠实地执行原先规划的预算和进度,是考核经营团队运营能力的重点。

四、计划灵活变化必须有根有据

一般概念的计划经济只有硬指标,缺少市场经济随市场需求变化调整的灵活性。计划经济之所以没有灵活性,是因为大部分的人不知道指标是怎么来的。我们之所以像计划经济一样设定硬指标,是要经营团队在规划这些指标时,切实了解公司内部条件和外在环境等因素,"里应外合",严谨确实地做出估计和假设,不灌水、不遗落,是"知其所以然"的。这样,一旦在运营过程中这些估计和假设所根据的因素发生意想不到的变化、必须灵活改变时，就能有根有据，并且正确地判断改变是否大到必须修正原先对资源需求（特别是资金）、进度承诺和运营战术的规划，以及怎么修正——开始新的PDCA循环。

公司创业还没有经验时，摸着石头过河，想到哪里做到哪里，错了灵活纠正是自然的。有了经验后，就要尽量自我挑战"料事如神"的境界，既要为公司尽早避开各种可能的风险和损失，也要掌握机会争取最高经营效益。

五、追求极致，止于至善

创芯从事的是"more than Moore"类技术相对成熟的集成电路制造。订单量少样多，工厂运作比较复杂，经营重点在于适应生产种类和数量经常的变化，生产效益可以改进的空间比较大，这是创芯要着墨的地方。我们必须运用下面的手段来达到运营最佳化：

1. 善用工业工程专业（industrial engineering）。因为工业工程是研究如何在相同的硬件设备条件下，用最少的费用得到最多的产出，也就是研究、落实最高投资报酬率的专业，这正是我们所要的。

2. 追求"极致（完美）"，"取法乎上"才能

"仅得其中"。要这样做，先要了解有哪些极致，才能研究如何追求。下面是几个极致的例子：0%的待机率、0%的返工率、0%的误操作率、不幸的错误不重复、100%的出厂良率（line yield）、实际生产周期=理论制造周期、100%的WAT/CP/FT/Rel的良率（工程批和量产批）、交货期100%达标、没有客诉或退货、新产品都能量产、没有不必要的操作、没有断料、成品没有库存。

这些目标确实难度很大，太完美了，根本不可能同时做到。但是就是因为"不可能"，才能激发出创意，才有我们后来居上的机会！试想，用纳米工艺做微米产品，其结果就几近完美！我们搞集成电路这行的就是因为不停地挑战完美，才会进步这么快。下面是几个如何追求完美的创意：

（1）安排较富余的瓶颈设备。二手设备的成本比新的少很多，因此使用二手设备的新工厂，设备投资和动力设施的硬件投资比例相差无几甚至更少。安排比较富余的瓶颈设备并不会增加太多的总投资金额，却可以保障交货期100%达标。

（2）标准化各种大大小小的生产工艺，降低量小样多生产的复杂程度。

（3）善用客户的资源。"more than Moore"的

产品多样，加上客户的工艺常有特殊性以利竞争，代工厂本来就无法全部具备，所以和客户进行研发合作是必然的。我们不但要在研发方面和客户密切合作，借力降低研发成本，更要进一步在生产方面让客户参与，利用他们对自己产品的熟悉度减少误操作。

（4）参与客户的产品规划。在客户新产品投入开发前，就参与市场分析和规格制定，贡献所知，以加强开发的成功率，减少低效益的产品开发。

六、分公司要善用公司总部的现成资源

创芯未来要在多个地方建分公司，这对建新厂的同人而言等同创业，控制好建厂成本和未来的运营费用，将是他重要的挑战。把不是自己专业的通用功能外包，不假外求，善用公司总部的现成资源，能给他优势。

1. 建厂：新建工厂启动，可以安排现成工厂有经验的优秀员工为种子队伍，辅以新聘员工。这样因为有很多现成的资料和共同的经验可用，不但容易沟通，可以节省时间和费用，而且新员工可以积累经验。

2. 规章制度：可以照搬现成通用的行政、财务、人力资源、采购、业务、贸易、信息制度，以及专业

的生产、研发、"环安卫"、品保运营机制和文件。只需因厂制宜作些必要的修改,就能大量节省人力和时间,更有利交流和管理。

3. 采购、业务、贸易统一:利于争取量大优势,降低成本。

4. 总公司的服务必须付费:这些从总公司取得的资源必须是有偿的,因为子公司减少操作环节并且真实反映市场成本,就像从别的公司转移技术一样。其费用必然比支付外部供应商要低。这样做也有利于全集团财务操作、加快进度和员工专业成长。

七、建新厂主要资源的来源

1. 客户:创芯的经营团队基于建6英寸公司实践经验,发现有各式各样的客户资源可以争取:(1)大的设计公司寻找分散风险的第二供应商(second source);(2)产品有特色、有潜力的新设计公司,由于量小不容易得到成熟的大代工厂的青睐;(3)代工服务商承包产能;(4)现在成本较高的客户;(5)想要进入中国市场的海外客户;(6)业务成长不足以短期内使新工厂满载,需要过渡产能甚至不打算再自己建厂的IDM公司或晶圆代工同业;(7)一些寻求服务合作更广泛、更弹性以落实"虚拟IDM"理想的海内外客户。

2. 人才：（1）目前6英寸厂的优秀员工可以组成团队，一方面维持6英寸厂的运营，另一方面建新厂；（2）部分6英寸厂有意愿的员工可以转到新厂，再招募新员工补充；（3）海内外同行的大公司里人才济济，有些想找新土壤发展的优秀员工；（4）在外地工厂工作，想还乡的"海归"和"陆归"；（5）世界各地工厂关厂后的遣散人员；（6）提早退休后想重回职场的人员。

3. 技术：创芯从事的是技术成熟的集成电路制造，很多专利已经过期可以合法使用，也有技术服务公司可以取得，因此技术来源是多方面的：（1）各种知识产权（IP）公司；（2）海内外技术服务公司，如日本的爱美克（EMIC）、法国的弘模半导体（XMOD）等；（3）代工服务公司；（4）新进骨干负责开发；（5）客户自己提供有特色的工艺技术；（6）各地各类专业个人顾问。

4. 设备：过去生产目前技术成熟设备的大公司，有些已经不再生产，市面上有维护良好的二手旧设备可买，来源大部分是一些关厂的公司，价格比新的低很多。市场上二手设备并不常有，创芯必须在有设备上市时尽量择优购入，安装在工厂里。这样一方面可以调节产能，另一方面也可以对有意购买者做热线示范（设备交易是创芯的经营项目之一）。

5. 业务：创芯采取弹性的业务政策，包括个别的散户订单、长期承包固定产能、技术合作共同开发技术、市场、长期/短期产能调节缓冲、来料加工、提供设备委托生产，以及其他有创意的模式。

长沙创芯的各位同人！创业维艰，新成立的公司就像初生的婴儿，遭遇病痛在所难免。我们的专长虽然没有能力帮忙处理眼前的问题，但是我们可以规划好，当董事长处理好问题之后就能以极高的效率弥补落下的功课。"凡事预则立，不预则废"，经营集成电路生产工厂千头万绪，我乃利用现在的等待时间，完成这份倡议供各位同人思考和讨论，以求尽量面面俱到，全公司思想统一，一起砥砺前行，为我国的集成电路产业贡献长沙创芯的力量，也为我们自己建立一个可长可久、安身立命的事业！

2015年3月23日

··平潭之旅

在创芯停产后,我有机会去大陆离台湾最近的福建平潭岛拜访中纬时的老朋友陈孟邦博士,他创办的宗仁科技(平潭)有限公司,就在福建平潭岛的台湾创业园内,用海峡两岸的晶圆代工厂,为客户提供集成电路产品设计和芯片生产代工服务。作为平潭岛上集成电路创业的拓荒者,孟邦兄真是筚路蓝缕,很是辛苦。他为平潭岛招来了好几家设计配套公司,使集成电路相关企业在原本默默无闻的福建平潭岛上逐渐形成了一个产业的小聚落。

孟邦兄曾邀请我一起募资,在平潭建8英寸晶圆代工厂,但由于我在2018年9月回台湾动手术,无力协助,只好暂时作罢!

就这样,我40年的集成电路产业职业生涯暂告一段落。

第四章　参与祖国大陆集成电路产业的崛起

❀‥叶落归根退休回台南

我在2017年步入70岁时，决定慢慢进入退休状态。我在台南故乡出生，在那里接受完12年学校教育，从19岁开始离家在外读书、工作，到此时正好满50年——半个世纪——一个很有意思的整数，是个退休的好节点。

退休的生活不再有固定的上下课、上下班，时间非常充裕，但是有新的人生课程占用掉时间。这时间的分配，和大家在学校上课时的必修课、选修课一样，每个同学因兴趣不同多少有些差异。我主要修了维修课、保养课、地理课、自传写作课共四门功课。既然已经退休了，就决定上课要轻松不赶时间，每门课都体验了较以往不同的人生和社会，真是其乐无穷！

一、维修课。我这身体的五脏六腑、皮肤、肌肉、骨骼已经使用70年了，比如心脏，算一算大概已经连续跳了20多亿次了。这全身虽然一路上曾经不断保养补强，但毕竟都是肉做的，耗损是必然的，因此有一些部分需要"进厂维修"了。经过无数次的各种CT，X光，静态、动态心电图，胃镜，肠镜，抽血等的测量和检查，除了一些小打小闹的服药，我身上要动刀子的手术包括一次眼睛的白内障手术和一次心脏手术。相对而言，后者比前者要复杂得多，因此本节单提一提心脏手术。

2018年中，我在一次颇为劳累的旅行后，感到心脏很不舒服。经检查后，发现是二尖瓣关闭不全。医师建议我趁着现在体力还可以时，做一次开胸的心脏手术，换个好的二尖瓣，否则会越来越严重，等到年纪越大，无法承受手术的折磨，就不好换了。听到胸口要挨一大刀，我有点排斥，后来想到常常听说有所谓的微创技术，字面看起来好像创伤比较"轻微"，因此挂号请教了能用微创技术做心脏手术的医师。医师说明，这种手术时是用内视镜观察，操作机械手间接做手术，我因为情况比较复杂，预计总共要开五到六个微创的洞（我原以为只要开一个就可以了）！这听起来好像没有比传统的、成熟的"手术刀一次切"简单多少。因此，在和家人反复商量后，我决定还是采用传统的开胸手术。对大部分人来讲，这是相当大的决定，因为我的二尖瓣要换，还有很多多余的瘘管要处理，手术比较复杂，"维修"期间心脏要停止作业十几个小时，其功能要暂时靠外在设备来维持。

我是2019年3月19日在台南奇美医院做的手术。那天早上，我从住院病房被推到手术预备室，在那里，护士怕我在无意识中因为不舒服而乱拔口鼻中插的管子，就把我的四肢绑在病床上，接着麻醉师帮我打了全身麻醉药，不久我就不省人事了。等我醒过来的时候，看见灯火依旧通明，查房的护士忙进忙出。这时我看墙上的时钟是8点多，记得打麻醉药时墙上的时钟是7点多，这样就是已经过了一个多钟头了。我就向护士抱怨说，我已经进来一个多钟头了，什么时候做手术？她笑着对我说："你已经做好了。"什么？已经做好了！我怎么一点感觉都没有！原来现在是晚上8点多而不是早上，因为医院里房间的灯光亮度是恒定的，所以我产生了还是早上的错觉！我看看胸口，竟多了一道差不多20厘米长的疤痕！

这说明了很多事情。全身麻醉发挥了很好的作用，麻醉师技术也很精良。我听说全身麻醉用药的过与不足之间，有很多讲究，操作者必须经过很多训练和考验，过程中精神要很专注。主刀医师和团队里的护士，以及我不知道的现场工作的人员，坚持连续工作了十几小时。我非常佩服和感谢他们！

二、保养课。前面讲过我这个身体的零件已经用了70多年了，每一个都有不同程度的耗损。严重到该更换的就动手术，把缺陷维修补好；只是功能衰退的，为防患于未然，就得保养加固。因此，我定期或一有迹象就上保养厂（医院）做检查，必要时按照医师的指示服药保养，每天固定要服七八种药！有人说"是药三分毒"，这或许没错，但这些药我已经服了三四年到十五六年不等，现在健康状况"还好"，不知道是不是药发挥作用，还是毒性还在发作途中。我不是专家，无从判断，因此要吃多少药就听医生的，我立志做个听医生话的好患者吧！

三、地理课。在我留学前，台湾的交通还不太发达；回到台湾后又太忙，所以台湾的很多地方我都没有去过。如今退休了，上述限制没有了，因此我有机会在台湾到处走走看看，认识一下现在的台湾。

我很少自己安排行程，因此在台南参加了几个社团，有长寿会、教会、太极拳协会等。这些社团都会定期举办一天到三天的旅行活动，坐游览车到处去玩。活动都是社团安排好的，自己不用花时间、伤脑筋，只要交了旅行费用，如期到指定地点等车上路，就能"快乐出航"（闽南语歌名）了！一路上，上车唱歌睡觉，下车购物尿尿。去过山林里，河流大海边，优美的公园，历史悠久的名胜古迹，正在募款兴建的庙宇，贩卖各种土特产、化妆品、西制中药的乡镇企业开设的观光工厂，还有观光花园、观光果园等形形色色的地方。我住过专门招待旅行团的酒店和民宿，吃过便当和专门招待旅行团的饭店餐厅。一路上目睹故乡的湖光山色，很多是以前没有到过、看过的事物。这些旅游让我对故乡有了更深入的了解。

旅行中，我对观光工厂里和在返程去晚餐的途中上车的推销员印象深刻。他们对推销的产品都有一份吹嘘的脚本，巧舌如簧，面对一大群陌生人可以滔滔不绝，绝无冷场的尴尬，使整车40多人中一定有人先掏腰包买他们的东西，然后就有人看样学样跟着"买买买"！最后大家都空手而来，满载而归。我当然也不能免俗，买了不少用不着、吃不了的东西。即便如此，每次我还是免不了多少买一点，因为有一种好像"过了这个村，就没那个店"的感觉！

四、自传写作课。写作过程让我有更多的活动脑筋的时间，以预防"失智"提前到来。过程中写写、停停、想想，也曾请几位亲朋好友"不吝批评指正"。他们不但改正了我对一些时空、人物方面的错误，也勾起了我的一些有趣的回忆。如今时过境迁，常常别有一番滋味在心头，感触良多，不免敝帚自珍，想要与人分享。所以写下来，也体会到了选这门课的乐趣。

静极思动，再赴大陆

大概2019年六七月时，一位以前在长沙创芯负责厂务的同事王明德来台南找我，说南京一家初创的集成电路公司需要人领导建厂，他向公司推荐我，得到公司同意后，他利用家里有事返台的机会来找我说明此事。我因为自2017年70岁退休回台湾已经两年，觉得身体还行，而且在美国特朗普上台以来一直对中国集成电路产业大力阻碍的情形下，我也希望有机会能为国家尽一点心力，因此在和南京的公司通话交流过后，我就以公司顾问的名义应聘赴任了。时值新冠疫情肆虐之际，和育南几经周折，终于在离开台湾三周后，可以到公司报到上班了！

　　幸好在上海时，我想起明德告诉我，公司一开始就要做12英寸45纳米以上的IDM，要生产的产品是"硅基OLED（organic light-emitting diode，有机发光二极管）"。我认为这样做对于一家没有大厂支撑、新成立的集成电路生产工厂而言，风险是很大的——除非有足够的资金可以熬过长期的爬坡过程，这不是一家将本求利的民间公司能负担的！尤其12英寸IDM要生产的"硅基OLED"的产能，自己的市场部门对能否消化到至少可以达到"现金流量平衡"，并没有十足的把握！因此，我建议最好先从事8英寸晶圆代工，从替广大客户代工"吃百家饭"开始，至少做到现金流量平衡，再谈为特定客户建他可以承包大部分产能的专用工厂。所以我就利用隔离的这段时间，准备了一份"为什么不宜一开始就做12英寸IDM"的建议书，在开始上班时就向公司的决策者说明我的看法。这个建议很快得到大家的首肯，公司决定把项目分成两期：第一期先做8英寸晶圆代工，等公司运营和财务等都稳定、有比较多

第四章　参与祖国大陆集成电路产业的崛起

的资源后，再考虑建第二期的12英寸工厂。

在南京半年后，因为建厂土地问题没有确定，公司放弃在此设厂，换到上海临港产业区。到临港之后不久，我因为口腔血管瘤，漱口、咳嗽时常常带血，在临港当地的上海市第六人民医院没有检查出来，又换到浦西的上海中山医院。经过一番口、鼻插管检查，心、肺、胃、肠都照了CT，也做了心电图，抽了好几次血，把整个身体里面检查个遍——就像制造集成电路时的失效分析一样，找问题根源时常常天马行空，发挥想象力做很多假设，然后用实验论证，希望能够在其中找到答案——结果什么都不是。答案常常很简单，就在眼皮子底下！就像这次我"口吐鲜血"一样，答案就在肉眼看得见的口腔里，不必"大动干戈"动用胃镜、肠镜、CT等！

真正的问题找到后，解决办法就是按"教科书"来了！这个过程让我在加护病房（ICU）住了一个多星期，育南和公司派的助理张晓明每天下午两点来看我半小时（疫情防控期间，只有一个访客育南能和我会面）。这次住院花了这么多钱（大约40万元人民币），费了这么大的劲（把所有内脏器官都检查个遍），虽然很多检查从最后的结果看起来是不必要的，但也因此把我这台用了70多年的机器做了一次总检查。结果发现一些零件按照自然规律是有点耗损，但是问题都还不大，还可以再用很多年，有些该定期保养的也有保养，偶尔有像这次问题比较严重的，赶快到"保养厂"来"修理"就是了——买了一个安心！

··应邀到平潭当顾问

不知道从什么时候开始，国内建新的集成电路生产工厂都要通过国家发展改革委的"窗口指导"评审，项目包括资金、技术、专利保障、设备来源、团队劳动合同、出海口等，通过之后才能立项募资，启动建厂。公司在上海因为一直不能通过"窗口指导"评审，经过快两年的努力都没有成功，只好放弃。

我也就这样离开公司，应孟邦的邀请再度来到福建平潭他创立的公司——宗仁（平潭）科技有限公司——当顾问，协助推动在平潭或福建附近建集成电路代工厂，以保障现在7家平潭相关企业的业务和成长需要，更希望能为平潭未来成为海峡两岸集成电路产业有力的中转交会站尽一点力。

在平潭时（2022年4月起），我曾经依照我的了解，分析在平潭建集成电路生产工厂的理由、优势和对平潭本地的意义。在一些志同道合的同事的协助下，我总结了在平潭岛建厂的意义，做了一些分析记录如下，希望能得到相关部门的支持。

第四章 参与祖国大陆集成电路产业的崛起

在平潭建集成电路制造工厂的理由、平潭的优势、对平潭本地的意义

一、建集成电路生产工厂的理由（从宏观到微观）

1. 全球几万种集成电路产品，无论是用低层次技术还是用高层次技术生产的，这几年都有可观市场，产品甚至严重缺货。这显示全球各种技术层次的生产工厂还很不足，现在是建工厂的良机。

2. 我国每年花费数千亿美元进口各种档次的集成电路产品，可见国内还能容纳很多工厂。

3. 福建属于中国五大半导体产业集群之一的闽三角（其他四个是长三角、珠三角、京津冀鲁和中西部地区），产业链主体集中。其中闽三角产业集群规模最小，需要积极加强。

4. 平潭的优势

平潭离闽三角半导体产业集群内的主要集成电路产业发达城市——福州、莆田、漳州、泉州、厦门——都在两小时左右车程，能够形成区域集中。

平潭集成电路的周边配套产业逐渐形成，产品设计、设计服务、后道测试服务、产销服务、技术软件等齐全。一旦就近补上欠缺的前道晶圆生产，就将如

虎添翼、产业相关企业一起更快速成长。

二、平潭建集成电路工厂的优势

1. 平潭是大陆距离全球主要集成电路产业区之一的台湾最近的地方，飞机两小时、轮渡三小时，甚至未来经过海底隧道，两小时左右车程就能到达。人才、配套、信息、市场等交流方便，是两岸集成电路产业交流很合适的连接点。

2. 平潭是海岛，远离面积广大、人口密集的内陆，和台湾新竹科学园区所在地、号称"风城"的新竹隔海相望，形成海峡最窄的风口，岛上风力常年强劲，能将过滤后的废气快速稀释排放到无人的海上。建集成电路生产工厂，在环保方面比内陆更合适。

3. 平潭环境开阔、独立，空气流畅清新，气候舒适平静，休闲娱乐场所多样，生活环境方面是相对内陆大都市的另一种选择。就像很多在美国集成电路产业重镇硅谷工作的人，可以选择逃离拥挤昂贵的大都市，到像爱达荷州、新墨西哥州、得克萨斯州、亚利桑那州等环境开阔、生活水平相对较低的小地方去工作一样。

4. 平潭虽然不是大城市，但是经过多年基础建设，设施已经很完善，住房数量充沛，房价、房租相对收入而言较为合适，子女上学的各级学校水平良好，是居家生活的好地方。

5. 平潭距离北、上、广、深等大都市，飞机只要三小时左右。从业者平常大部分时间在比较幽静的环境中工作生活，偶尔可以到多彩多姿的繁华大都市去度假调剂，应该是很多现代人向往的生活方式。

三、对平潭本地的意义

1. 把握机会，建立更具规模的、完整的集成电路产业，提高平潭的高科技形象和知名度。

2. 增加产业类别，有助于平衡平潭的经济发展。

3. 发挥历年来投入的基础建设的功能，创造更多的经济效益。

4. 有机会激活一些合适的闲置厂房，使之恢复当初规划的经济价值，也节省集成电路项目的建厂时间和费用。

| 第五章

工作心得：我思故我在

我在集成电路产业的职业生涯贯穿从产业萌芽期（直接材料硅晶圆小于4英寸）过渡到成长期（6英寸、8英寸）的大部分过程。就技术层面讲，贯穿从2微米到0.13微米9个世代，更看到产业的制造中心从欧美转到日本，接着转到韩国、新加坡和中国台湾，再转到中国大陆。在中国大陆的集成电路产业崛起之际，美国霸权启动对中兴的制裁，想方设法遏制中国大陆集成电路产业的发展。美国的霸权主义，更加坚定我和祖国同业一起面对这个挑战的决心！

在20世纪60年代到70年代早期集成电路产业的萌芽期，我正好在台北的台大电机系就读，大四下学期第一次从杜俊元博士那里接触这门学科，此后又分别在台湾交大电子研究所、台大电机系博士班、斯坦福大学材料系等高校接受了前后近10年的相关理论的正规养成教育。

第五章　工作心得：我思故我在

　　在20世纪70年代末期半导体产业从萌芽期过渡到成长期时，我正好从斯坦福大学毕业，进入职场学以致用，先后在1978年和1981年到美国硅谷的英特尔和仙童半导体这两家当时业界领先的企业，参与集成电路生产工艺实际的研究、开发和生产工作，直到1983年和同事在硅谷开创茂硅半导体，一共在美国公司工作5年。这段时间正好是集成电路产业技术提升最全面、最快速的时期，几乎所有环节的技术概念都在发生革命性的汰旧换新和提升。这之后，各种技术虽然仍然不断提升，但不外乎是这些概念的不断优化和精致化。这段时期我有幸在硅谷这两家企业直接参与这些革命性技术的开发和应用，奠定了我日后经营公司的理念基础。

在从事相关工作的过程中，我对集成电路这一产业的方方面面时不时有发自内心的触动，有时也受到外在信息的影响有感而发，都顺便记录了下来，有些曾公开发表过，有些没有，这些见解在当时或许与众不同而非主流。虽然目前整个产业已经有很大的变化，但是其基本内涵依旧，因此我觉得自己的一些见解仍有独到之处，乃敝帚自珍，辟此章节择优记录下来，作为历史的见证。

第五章 工作心得：我思故我在

集成电路失效分析和良率提升实务

制造企业的工作是生产、销售产品获利以维持经营。工程师在制造企业中的任务主要有二：一是设计、开发产品，二是生产产品。工作过程中的样品或成品有时会失效不达标，不能产生经济价值。因此，工程师有一项最重要的共同任务就是分析失效原因并加以排除，提高良率。

集成电路作为一种工业产品，其形成始于无形的产品理念，最终产生有商业价值的有形成品。中间经过的过程依序包含电路设计、产品生产制造、测试和封装四个基本环节，这是一个不断尝试、调试和优化的过程。其中产品生产制造环节根据产品不同，有数百到上千道不等的工序，每一道工序都要求精准重复，不容有超出原先设计容许的微小偏差，否则偏差叠加起来，产品不能达标，就必须作废，不但浪费时间和资源，而且无法出货，企业会没有营收！

上述四个基本环节及其配套使用的软件、材料、设备、工具，都牵涉基本的数学、物理、化学及其衍生出来的互相关联的理工专业，因此在做失效分析和良率提升的过程中，必须所有相关专业的专家一起讨论才容易见效,否则便可能落入瞎子摸象的窘境——只见局部,未见全貌。要让这么多不同专业的工程师合作,发挥专长解决问题,需要有效的组织和协调。

集成电路技术工程师三方面的工作,可以再细分为:(1)创新设计(包括电子电路、模块工艺、整合工艺流程、软件);(2)稳定生产(包括晶圆生产、测试、芯片封装);(3)失效分析和良率提升。

集成电路产品开发三个不同阶段的失效特点

集成电路产品前段的开发过程(使用的资源)的先后顺序如下:(1)电路设计(电脑、电路设计模拟软件、器件参数);(2)光罩布图和制作(电脑、电路布图模拟软件、布图规则、光罩制作设备、光罩基板);(3)产品生产(硅晶圆直接材料,几百台各种生产设备、三四十种固体、液体或气体间接材料,几百道生产菜单,制程整合流程,十几种检验仪器——确实数目依产品而定)。

这几百项使用资源,任何一项或几项发生问题,都可以造成产品发生不同的失效状况。失效分析的目的就是找出问题、加以排除。

新产品的开发可以分成产品设计论证、试生产优化及批量生产商品优化阶段。这三个阶段失效的现象各有不同：

1. 产品设计论证的样品制造阶段，重点在找出下面各种设计和生产验证过程的缺陷，并加以修正。包括电路设计、光罩布图设计、光罩生产、制造整合流程设计、样品生产等五个过程。前四个设计过程的缺陷，会重复出现在每片晶圆片每一个光刻曝光区内的相同位置上。这种"重复出现"的特征使失效分析容易许多，而一旦被分析出来并且正确排除后，这种失效现象就不会再出现。

2. 试生产优化良率的阶段，重点在不断提高样品的良率。这阶段重复失效都已经被排除，制造出来的样品可以供设计者优化了。这阶段，被重复失效掩盖的其他失效机制——主要是随机缺陷（random defect）——开始凸显出来。这类问题主要有：（1）新产品电路的设计程序、设计使用的器件参数、光罩布图使用的设计规则（design rule）、制造整合流程菜单的细节等，还没有达到新产品性能和良率的优化，即一些重要参数和规则的中心值和上下限还需要微调。这要做很多实验来确定，是集成电路产品开发的重头戏！（2）因为是新的产品，操作的技术员训练尚未充分，常因不熟悉或疏忽造成误操作，这需要通过一段学习曲线（learning curve）时间和多次操作经验的积累。

3. 批量生产阶段时，虽然良率已臻理想，但是量产过程中良率可能会不稳定、不均匀，特别是偶有出其不意的大幅度滑落，而且失效的分布是随机（random failure）的。主要原因有：硅晶圆的掺杂（substrate doping）不均匀或有缺陷，生产设备中硅晶圆在输送过程产生刮伤，运作偶尔的脱序（比如跳电），使用的气体、液体或靶材产生的不均匀性或污染，偶然也会因为操作员的失误没有发现问题，等等。要改善这种失效，必须做到：（1）忠实地落实材料和设备完善地入库，即进料检验（incoming QC）制度，以及线上品管（on-line QC）制度；（2）新产品投入时对线上操作员的训练要踏实；（3）实时实情的设备和人员操作脱序警示，以及实时处理；（4）真实且完整地记录制造过程和相关资料，以备失效分析时参考。现在生产自动化和大数据技术的应用，可以大量减少这类问题。

集成电路失效分析的实务经验

新产品的电路和工艺设计成熟前，必然要经过多次上述的尝试、调试和优化的过程，甚至良率一向稳定的生产过程中，有时良率也会忽然大幅度下降。发生这些情况，都必须赶快了解原因加以排除，也一样要经过尝试、调试和优化的过程。下面是一种实行过的"失效分析和良率提升"管理实务建议的执行细节：

1. 一旦生产有失效的情况发生，公司运营负责人必须马上指示产品责任人召集相关人员,组织临时专案小组(task force),由该产品责任人担任组长,协调相关人员一起解决问题。之所以由该产品责任人担任组长,是因为他是负责产品从导入生产线、线上生产到晶圆出货、接受客诉改善的全过程的人,最了解产品的全部历史,手上的资料最完整,容易协调不同专业成员一起高效解决问题。这些相关人员至少包括:产品投产前和客户讨论投产前置作业的客户服务工程师(customer service engineer,CSE)、投片生产过程中确保产品生产的工艺整合工程师(process integration engineer,PIE)、单元工程师(module process engineer,PE)和质量管理工程师(quality control engineer,QCE)、出片后负责WAT验证的测试工程师(testing engineer)、出货后产品异常时和客户进行技术交流的产品工程师(product engineer,PE),以及其他组长认为必须加入的人员。

2. 专案小组组长是主持会议的主席,不是小组成员的行政领导,小组成员的行政领导仍然是本来组织上的领导。行政领导的任务是要在资源、专业技术和成员工作态度方面协助各成员完成小组赋予的任务。

3. 专案小组组长的任务非常重要。他接到客户对产品良率或可靠性不良的投诉后,应该马上做以下处理:

(1)按照公司处理客户投诉SOP的规定,马上和客户联系,表示问题正在处理,并且尽可能收集客户对该批产品测试的相关资料，取回失效的晶圆片以供以后分析用。

（2）同时，对该低良率产品的整个生产历史做必要的详细梳理和了解，包括：审查光罩制造过程细节，审查所有生产过程记录的细节，在线品保和WAT的测量记录，以及客户提供的产品测试和晶圆图（wafer map）的结果。加上自己补充的有用资料后，分析并且完成严谨的初步总结，包括种种造成良率下降有意义的现象，以及推测可能的原因，将这些总结作为召集小组第一次会议的报告资料和会议讨论的依据。

4. 专案小组组长带着这些初步梳理的结果，召集小组第一次会议。组长首先要完整、清晰、严谨地描述他对失效现象的初步看法，要求会员踊跃评论，发表意见。讨论过程中，一旦有比较有共识的意见出现，就应该再次厘清后，严谨地进一步总结问题的新论断。组长要引领会议做有意义的讨论，避免天马行空浪费时间（不过有时一些看似"开玩笑"的意见，"言者无意，听者有心"，常有意想不到的启发）。

5. 在讨论会议中，成员要踊跃参与，贡献自己的专业知识和经验。特别是在了解组长每次的新论断后，组员要仔细回忆和检讨这些产品在经过自己负责的工序时，设备和工艺重要的参数是否发生不合设计规则或虽符合但处于上下限边缘的情况，以及其他可能和良率低下有关的不正常"偶然"现象，值得提供大家讨论的。

6. 组长如果认为成员提供的新资料有价值，必须引领大家讨论，一同判断是否对解释失效现象有实际意义，或是否需要补充加强。若有意义，则要重新提出更深入的新总结。在这个过程中，组长必须依据正确的失效现象和半导体学、物理、化学、电子学等的基本理论，客观、严谨地描述他的新总结，供大家讨论及判断。经过这样不断的反复论证，真理越辩越明，问题的症结可以很快浮现。

7. 为避免论发生断偏差、误入歧途，浪费有限的时间，所有论点必须用证据说话，不能凭空想象、想当然耳。即使以前有类似经验，也只是有参考价值，不能武断地认为这次也是同样的问题。所有证据的取得必须严谨，因此对已有的资料，要一再检讨其正确性，甚至常常可能要重做、多做。对此，负责的成员必须最优先对待此事，马上去做以争取时效。虽然重新检讨后常常证明原来的资料无误，但为避免有漏网之鱼，这种苦功是必须的[英文里"研究"叫research，即搜索（search）、再（re）搜索（search）]。另一方面，组长对成员新任务的要求也要有理有据，其作用要说明清楚，不可任意为之无的放矢，浪费时间。

8. 集成电路本身看不见、摸不着，所有用来分析的资料又都是通过复杂的仪器间接得来的，所以要正确使用这些资料，必须确保仪器性能合适和操作正确。品保部（QRA）要定期做测量系统品保（measurement system assurance,

MSA），否则若资料有偏差，人们解读起来就会一头雾水，无法解释眼下的现象，也就无法找到问题的真相。

9. 良率低下可能造成公司很大的经济损失，这使得一旦问题工序被确认，模块工艺的责任人员常常受到严厉的谴责和处分。事实上，人非圣贤，孰能无过？这些"过"，比如设备维护不良造成故障不定时发生，菜单不合适导致工艺参数漂移，测量机台校正不当造成测量结果偏差，操作人员训练或经验不足而误操作，甚至操作人员心情不好、精神不济造成的误操作，操作人员自大自负、任意更改菜单或调整设备等，其本质不是工作人员的知识和经验不足，就是人性的弱点。如何实事求是地解决这些问题，是现代工厂经营者必须面对的现实。员工也必须"知过能改"，不断提升自己的专业能力，积累经验，去除个人的人性弱点，务必做到"不二过"，才是负责任、有职业操守的专业技术人员。绝对不可为了怕受处分，在小组会中否定自己工序有问题的可能性，进而争辩是其他工序造成的，模糊焦点造成不必要的冗长争论，浪费时间；甚至在意识到自己的工序确实有问题时，还一再借故推脱，提供不适当资料，会后再自行改正，以免被分析出来受到处分，这就没有职业操守了。这也是为什么有时会有这种奇怪的现象：有几批货良率忽然大幅度下降，大家花了很多资源一直查不出原因，但是不久问题又莫名其妙地消失了。

第五章 工作心得：我思故我在

10. 了解问题的真相并解决问题后，这些付出很大代价得到的宝贵经验必须传承下去，永远避免类似的错误再次发生，确确实实做到"不二过"，这样生产过程的问题就会越来越少，生产成本越来越低。因此，问题解决之后，临时专案小组虽然解散，但组长要负责撰写总结报告（yield improvement report），内容至少必须包括失效现象、专案小组讨论过程中的要点、解决的方法、执行的成果。与会者传阅、补充、修正后，把总结报告在资料管制中心（DCC）存档供其他人学习。

11. 最后要提到进行失效分析时应有的心态。前面说过，良率是集成电路生产企业的命脉，碰到工厂良率忽然下降的危机，当然不能掉以轻心，必须非常严肃地对待。全公司都要调动起来，特别是相关的技术人员。但也不可以神经紧绷、丧失心智，漫无章法地东做西做，看起来很忙但效果不大，都是白费工夫，浪费时间和金钱。这时候最重要的是冷静、保持头脑清醒，这样才能做好客观分析和逻辑判断。每个相关人员要大公无私、全心全力、客观判断，不盲从推诿，用无时无刻不以解决问题为第一优先的精神来处理低良率的问题！专案团队成员的基本分工是：组长不断地根据大家讨论的结果进一步总结，缩小可疑范围，再分析、判断新的工作方向，决定论证需要的新资料；成员踊跃参与讨论、贡献意见，并且马上去完成新的任务，收集可靠的新资料。

良率直接影响集成电路制造企业的运营收入，是企业的命脉。集成电路工程师在企业从事的工作是创新设计、稳定生产、失效分析及良率提升。企业的新产品如果失效，不能作为商品销售，就是在浪费企业的宝贵资源和工程师的职业生涯！集成电路工程师必须在有限时间的压力下，通过失效分析成功提升产品良率，完成产品开发并使其成为稳定量产商品。经过这样的磨炼，才能成为真正成熟的专业人才。

浅谈企业绩效管理

曾看到一篇报道，说一家经营不善的日本大企业的一位高管，把公司的问题归咎于使用"目标管理手法的绩效考核"，使大家对推行绩效考核的作用产生了怀疑。其实根据我过去在英特尔上班时在课堂和实务中取得的经验，我认为，这正是一个典型的没有吃透并正确执行"绩效考核"真谛，落入形式主义、分数主义误区的负面样板。为澄清这家日本公司不幸的结果，有必要先对"绩效考核"的真谛做一个说明。

这些企业的领导只看打分数的表面结果，没有看分数是怎么来的。领导事先对员工的任务规划工作目标，事后要很用心负责地、专业地判断任务的难易和资源的足够程度，工作的"含金量"等因素，给员工恰如其分的鼓励或批评的分数。员工为了拼分数，执行任务时可能避重就轻，遇到问题也可能推诿塞责；工作虚忙却没有实质意义；害怕增加工作负担或任务失败，不敢提出创意。因此这样做只是徒然浪费时间，影响进度，增加成本，更扼杀创新，大大影响公司的效益。为避免这些问题，我分享过去在实践绩效考核中体会到的经验。

绩效考核是"目标管理"的一部分

企业要落实整体运营目标，得到效益，有很多工作要做，必须从上到下，分工到所有成员才能实现。每个成员的任务目标彼此交叉连接，必须都及时完成才能实现企业的整体目标。"目标管理"是员工为要做好被赋予的任务和目标所做的PDCA：规划（P）实实在在的工作项目、项目的进度和质量目标，布置好需要的资源和人力，作为执行（D）工作的根据，执行过程中还要不断地考核（C）和改善（A）。绩效考核就是考核和改善环节的手段，内容自然包括上述所有的规划是否达标，彼此是否完美链接，否则，个别项目掉链子就可能影响整体效益。两者的必要性不言而喻。

绩效考核的关键在各层领导

一家拥有数十人的企业的总经理或董事长，无法亲自领导每一个员工，因此必须分设不同专业部门和层级，各设领导，协助总经理或董事长执行对员工工作的直接管理和考核。各领导代表公司带领他的部门，不但要承上启下，还要下情上达。

由上而下，各层领导秉承他上一级领导赋予他的任务和目标，分给他直接领导的成员去落实细节，自己负责安排大家工作所需要的各种资源，提出专业意见，协助大家如期如质完成任务。因为部门总任务和目标是部门领导和上一层领导规划敲定的，人力和资源是部门领导安排管理的，因此，授权不授责，工作虽然是大家在做，部门总的任务达不达标的责任，仍然应该由部门领导承担，不能推给个别员工。部门领导因此也有权力（但是必须负责地）考核和评估成员工作的绩效。

在公司里，各层领导和他直接领导的员工关系最密切，因此最知道每个员工不同的专长、能力和个性。在分配任务时，领导必须实事求是地考虑这些因素。员工有的积极进取，有的稳健保守；有的喜欢夸夸其谈、虚报成果，有的谨慎小心、迟迟不敢下结论；有的能力不足，有的近乎天才；有的话多，喜欢套近乎、耍小聪明，有的埋头苦干，话不多但成绩突出等，不一而足。只有每天在一起工作、专业经验相对比较丰富的直接领导，才有能力恰如其分分别评价每个员工，给予适当的鼓励、引导或批评，带动员工对工作的热忱，引导员工专业上正确的价值观；他们也会影响公司选用人才的判断。直接领导既影响员工个人的职业生涯，更影响公司长期的经营效益，不可不慎。

企业的各层领导必须同时具备过硬的专业能力和人文素养。有过硬的专业能力，才能不偏心地欣赏并领导部门里不同专业的人才；有足够的人文素养，才能知人善任、不偏不倚服众，对每个员工做出正确的考核，对得起员工的前途，也保障公司的经营效益。因此，绩效考核的关键在各层领导的能力！

一个合格的领导，无论来自内升还是外聘，应该都曾经负责过他领导部门的某一专业，并因表现优秀而被提升。所以员工在执行任务时，不但要自己锻炼出良好的专业素养和跟相关部门合作的正确心态，还要从客观观察各领导中学习，并总结出被公司认可的领导素质，协助公司的经营良性循环、蒸蒸日上。否则"劣币驱逐良币"，公司留不住好的人才，经营将江河日下。

如何正确地运作绩效考核

绩效考核制度的作业过程，可以归纳为一个的PDCA循环，即规划任务→执行任务→检验成果→整改修正→再循环。下面说明执行PDCA的具体规范。

一、规划（P）

凡事预则立，不预则废。公司做事必须有规划，不能任由每个员工想到哪里做到哪里，否则无法产生整体效果。

绩效考核任务的规划是由上而下的。公司董事会决定经营目标后责成总经理执行，总经理据此规划具体任务，分层达成之。因此绩效考核本质上是由上而下推动的，即董事会→总经理→部长→经理→科长→工程师/管理师。

下一级的任务是上一级任务的一部分，上一级对授出给下一级的任务，仍然必须负责。下一级则根据他的专业知识，提出落实任务的步骤和需要的资源，与上一级领导一起讨论。领导除了与员工共同研究、总结出更可行的工作细节，也要协助员工落实必要的资源。

比如，某年初环安部被布置的上半年一项任务目标是：确保公司所有环安体系能满足政府所定法规的要求，使公司可以在下半年的7月1日开工生产。根据这个任务，环安部部长制定出6月底前完成公司所有的安全检测系统、消防体系、废弃物处理设施、警卫制度、工业安全卫生体系等的具体工作细节。这些工作细节和他的上一级即总经理讨论一致同意后，按照现实条件合理分配在每个月里，逐步切实并及时完成，以确保公司在6月前通过政府检查，7月1日可以开工生产。

二、执行（D）

每个阶段的计划定好之后，员工要努力达成被赋予的任务。执行过程中，员工必须随时和领导交流，汇报进度，尤其是碰到执行困难时，必须马上和领导交流，寻求协助，共同克服困难、达成目标。领导也要随时询问、关注员工任务的进度和质量，协助其完成任务，不必等考核时间到了才发现任务不能完成。不要忘记，员工的任务是领导任务的一部分！员工的任务有些必须和其他部门协调，这是锻炼员工学习如何与企业内不同职能的部门互动，以完成任务的机会。每位员工要知道，有时要为他人贡献自己的专长，有时别人也会协助自己完成任务。因此员工除了要锻炼出过硬的专业能力，也要学会如何和同事合作，为别人贡献自己一份力量，共同完成任务。

最后必须要做的是：所有工作必须有记录。这些记录不但要存档，作为描述公司发展过程的资料供日后参考，也是领导客观考核员工和公司奖罚、评鉴员工的重要依据之一。

三、考核（C）

虽然负责任的领导对员工执行任务的考核随时都在进

行，但在每个阶段必须有定期会议，一起总结执行任务过程中的得失。在这些会议中，领导要实事求是地考核员工所作的工作报告，客观地评价其完成任务的进度和工作质量，员工也必须详细说明工作执行的过程和心得。经过这样充分的双向"谈心"后，领导才能给予双方都能认同的、客观严谨并且公正的评分。考核作业是绩效考核制度的核心。在这过程中，领导以"过来人"的身份给"后进"部门成员提意见，"后进"可以从中得到启发成长。必要时，领导也可以借这机会说明公司的政策和对员工的期待。领导对工作质量实事求是、有深度的评价和回馈，为员工改进不足之处、促进专业能力，提供成长的方向，也为企业培养年轻骨干提供机会。

四、整改（A）

考核后，进度落后的任务必须要找出确实的原因，制定切实可行的具体办法迎头赶上。对进度虽然达成但质量不佳的——如弯路走得太多造成成本太高、主观意识太强造成部门之间矛盾、浪费太多时间和资源等问题——也必须经过深刻检讨后提出改进方法。这些赶上进度和改进质量的工作，加上安排好的下一阶段必须完成的任务，就构成了下一阶段全部的新工作规划。如此，再度进入PDCA的循环。

领导考核员工必须实事求是。除了定期听取汇报，平时要进行"走动式管理"（manage by walking around）——随时随地在部门里到处走走看看，和员工谈谈他们正在做的工作，实地掌握工作进行的情形，讨论一下工作的内容，激发一些创新的火花，给员工建议一些工作方向让他们少走一点弯路，表扬一些亮点适时给予鼓励，资源短缺时立刻协助安排，等等。这样可以使考核更确实公正，更能确保任务达标。

有些员工认为这种"走动式管理"是对他们工作的骚扰和不信任。事实上员工必须了解每个工作任务是配合企业的整体目标由上而下布置下来的，员工的直接领导也是要对他的领导负责的，他的关心不但必然而且必须，是光明正大的，不是探头探脑（look over the shoulder）的。因此，员工不但不应该有想法，反而应该利用这些机会和领导多交流，一方面可以整理一下自己工作的思绪，有困难时寻求帮助，另一方面也可以展示一下自己得意的成果，听听不同的专业意见、虚心学习成长，说不定还会碰撞出创新的火花，更可增进彼此的了解。等到自己成了领导时，也必须这样做。

定期的绩效考核是两个人在安静私密、不受干扰的地方，以单独碰头会（one-on-one meeting）的方式进行的。需要安静私密的原因是会谈的内容较为私人，过程中就事论事，有时可能会产生比较激动的讨论。所有过程都必须是双方面对面的，双向、直接、平等的充分沟通，结论必须双方都清楚了解并且认同。

开会之前，成员必须送上一份对当期成果的简洁总结报告给领导，作为讨论的基础，领导要先看过。会议中，双方对报告内容难免有不同看法，需要充分讨论沟通，才能尽量做到客观公正。

讨论过程中，双方的思维都必须专业、客观、包容、深刻，就事论事，有说服力。对工作的成果，领导不要过分苛刻，也不能放水；员工不要夸大其词，也不能有困难不敢讲。评估分数要有相同的相对标准，且必须佐以文字说明和事实根据，不能只做表面文章，敷衍了事。领导应该理解并协助解决成员的各种困难，共同完成任务。对资源实在不够、无法完成任务的，要协助想出有创意的解决方法；若实在不行，应该给予理解，并由自己上报争取公司的支持。

讨论后，要修正报告内容中必要的部分，确实地记录员工工作的成就，总结必须改善的地方，给予客观、坦诚但严谨的评价，引导成员专业和做事能力成长，为公司培养人才。定稿后彼此认同签字，交人力资源部存档。

每个职场从业人的职业前途都受绩效考核影响，因此，有责任感的考核者的意见，必须客观公正，有专业深度，经得起考验，才对得起每一位同人和他们的家庭。考核不能流于形式，影响员工专业度的正确成长，或导致企业的整体经营绩效不能最大化，甚至半途夭折。因此，考核者如何规划、布置、引领并最终考核被考核者的任务，是考核者"被考核"的最重要素质。

第五章 工作心得：我思故我在

从参与台湾内存产业发展的经验谈起

在20世纪80年代，台湾的内存产业受到多家公司的推动，曾经盛极一时，但又因为几次产业盛衰循环的冲击，规模越来越小，在世界上已经边缘化了。

1984年，曾有数批海外人士组成公司到中国台湾做内存，如国善和华智生产DRAM、旺宏电子生产NVROM、茂硅生产SRAM。在那时，这些海归都是在美国多年从事相关产品的开发，有多年生产经验的工程师。

这些公司在有自己的厂房可用之前，都曾"借腹生子"，先把技术转移给代工伙伴，生产产品、进行市场营销以求生存，也好向投资界证明自己是有能力生产产品及销售的，给对方投资的信心，结果也确实有效。这些公司合作的对象是一些中国台湾以及日本、韩国的IDM公司：国善和茂硅在联电；旺宏电子在日本代工；华智从日本冲电气公司引进技术，并且并购了中国香港的爱卡电子一座4英寸厂，先试做冲电气公司要转移的技术，等自己建好厂后再转移到新工厂来。"借腹生子"有不同的方式：

1. 有些公司先购买一些合作的代工厂没有的、自己产品必要的关键设备，放在合作的代工厂里，生产自己与代工厂合作的产品，如国善在联电即是如此。后来的结果是这些设备投资大都打了水漂，关于原因双方各有说法，外人难以评论。

2. 以相对低很多的投入合并一间老厂。一方面可以在自己先进的、昂贵的新工厂建好前，开发好要生产的产品；另一方面也可以开发、生产和销售该工厂原来的产品，提早开始对员工"产销一条龙"的训练。如华智并购香港中信集团原来在大浦工业区的4英寸厂爱卡电子，添购一些生产DRAM欠缺的设备，先在这工厂演练、开发以后要用的生产技术和产品。这种做法也被证明不合适，因为除了要付大笔费用购买该工厂，相对先进的DRAM研发的开销也是一大笔支出，两项加起来就花掉了很大一笔辛苦募来的资金。而且这家工厂原先生产的产品和先进DRAM的市场很不相同，华智也没有销售这类产品的经验，因此每个月都有不少现金流失。如果新工厂没有很快建好，这个厂就成了"烧钱"的"黑洞"。

3. 第三种方式是完全没有现金投入，只把技术及产品转移给需要的生产厂，换取产能和技术转移金，并利用对方的工厂先开发、生产和营销产品。茂硅之于联电就是这一类。这种形式虽然少了资本金的投入，但换取的产能完全掌控在对方手里，行业不景气时，对方可能强迫按原定价格、原量履约；景气好的时候，对方可能以种种理由延误交货不给产品或抬高价格，结果市场里充斥着自己的产品，但大部分是对方卖出去的，自己从市场没有得到多少利润。这也无可奈何，毕竟在大笔资本金投入之前，能有东西可以卖、维持生存，已是万幸了。尤其是内存的技术不断提升，新一代技术和产品不断取代原来的，能够有产能生产产品获利，就应该尽量把握，只要证明有实际商品化产品的经验积累，自己就有开发新技术和产品的能力和机会。有朝一日有了自己的新工厂，因为新工厂使用的都是更先进的新设备，生产力更强，应该很快就可以赶上并且超越原来的代工厂。事实证明，Mosel Vitelic的内存经营之于联电和冲电气公司，就是这样的——有了自己的工厂以后，Mosel Vitelic就超越他们了。

除了海归工程师建立的内存公司，中国台湾还有本地财团投资的公司：从日本三菱进行技术转移的力晶半导体，先和美国IBM合作、又转而和美光合作的南亚科技，和美国德州仪器（TI）合作的德碁半导体，以及和日本富士通合作的世大半导体。这些公司都是以生产DRAM为目标的创业公司——因为DRAM是市场需求量最大的产品。

台湾在内存产品的开发方面虽然曾经热闹非凡，但是技术主要来自国际先进公司的技术转移，尤其是DRAM，从技术提供方接受技术转移之后，以替技术提供方代工、消化产能为主要目的，自己没有积极开拓市场，更不像韩国公司一样积极投入自主研发，而是用不断支付技术转让费取得技术，取代了自主研发的经营战略。这在景气超好——如1993—1996年——内存严重缺货、产品定价是卖方市场时，确实可以快速赚取很高的利润。这种情况造成台湾内存公司都以为自己的战略是正确的，更不以自主研发为然了！但是随之而来的市场严重恶化、内存价格大幅度下跌，使得新的先进技术还来不及引进可以降低生产成本的企业。问题就很严重了。这导致一些公司被重组、被边缘化甚至倒闭退场！比较起来，韩国的三星和海力士虽然也一样经历过严重亏损重组的过程，但是一直不放弃自主研发，结果笑到了最后，现在分别成为世界第一和第二的内存（包括DRAM在内）大厂，合起来稳占世界80%的内存市场，而且技术水平一直保持领先其他竞争者一个世代以上！中国台湾所有内存公司中只有旺宏电子自始至终不靠外面的技术转移，一直坚持自主研发NVROM；其他如力晶、南亚科技，开始时靠外面技术转移，后来也大力投入研发，才得以永续经营！

关于打造集成电路设备共享生产平台的建议[①]

集成电路是各种自动化或智能化产品最核心的器件，要成为强国，必须能自由不受管控地得到所要的各种集成电路，已经众所周知，毋庸赘述。

中国集成电路产业商业化起步比世界先进同业晚了将近30年，关键技术和产品的交流和取得又都一直受到先进地区的严格管控，因此影响产业技术层次和生产规模的发展。为改变这一状况，必须建立整个产业链所有环节独立自主的能力，全方位迎头赶上，并驾齐驱。由于产业链的环节多而且复杂，这里先只讨论如何完成上述课题中集成块的生产设备环节。

---

① http://www.semiinsights.com/s/equipment/20/28023.shtml.

中国发展集成电路生产设备产业的优势和短板

中国发展集成电路生产设备有以下优势：

1. 庞大的国内市场需求规模。制造商业化必须有足够的市场支撑，而我国是世界上最大的信息产品生产国，也是最大的集成块进口国，2016年集成块进口逆差2000多亿美元，未来还要增加。为减少巨额外汇流失，我国迫切需要独立自主生产大量集成块的能力，这为国内设备企业提供了庞大的市场保证。

2. 长期积累的生产设备技术基础。国内很早就建立了独立自主的集成电路产业，成立了很多集成电路生产设备的研发和生产部门。这些部门的产品合起来，覆盖了集成块主要功能和各种大小尺寸。这些部门也积累了多年的技术经验，是未来我国集成电路产业发展的基础。

3. 完整的周边配套支撑功能。发展设备业离不开精密的机械加工及材料、各种零组件、测试和软件开发等的支撑。中国有发达的制造业和信息业，有能力为集成电路产业发展提供必要的支持。

中国发展集成电路生产设备产业，也有一些短板：

1. 国内生产设备产业商业化起步晚、规模小。设备是集成块生产企业经营效益的根本，因此集成块生产企业对采购生产设备的决定非常慎重。国内生产设备产业商业化起步比世界先进同业晚了二三十年,因此规模小很多,缺乏商誉和业绩记录(track record),不容易得到集成块生产企业的青睐,因此销售量少,很难有积累商誉的量产机会,造成恶性循环,从业者也因此缺乏信心。

2. 先进同业的竞争。一旦国内设备公司有产品受到客户青睐,业界久有商誉的同业就以各种优惠条件影响客户的采购决定,最终导致客户选择放弃使用国内的产品。

3. 先进地区的管制。我国厂商对关键零组件和技术的交流及取得,受到先进地区的严格管控,影响产业技术层次和生产规模的发展,进步难以和外界同步。

这些短板使国内生产设备企业商业化进步缓慢,从业者有志难伸。很幸运的是,目前世界上发生了两件看似不相干的事情,如果能好好掌握并利用,可以给中国集成电路产业带来后发先至的好机会。

中国发展集成电路生产设备产业的机会:

首先,全球生产集成块的生产设备自2016年以来严重缺货,包括技术成熟的中小尺寸。这种大小尺寸一概缺货的事实,证明集成电路产业不存在所谓大尺寸排挤小尺寸、先进生产技术排挤成熟生产技术的情况,事实是不论尺寸大小都同样有需求。这给了我国从小尺寸到大尺寸厚积多年的集成电路生产设备技术研发、生产的经验和成果,重新集结、整编再发挥的机会。

其次，我国致力于在全球发展中国家和地区进行基础建设的"一带一路"倡议的顺利实现，将在目前全球约30亿集成电路使用人口的市场基础上，再逐渐增加约40亿人口的新市场。再加上产品升级和新应用创造的需求，这些是未来国内集成电路生产设备产业厚积多年后薄发的市场保证。

本文根据这两个机会，提出我国建设集成电路设备共享生产平台的倡议，争取发挥有利条件克服短板，打造一个新的、具有中国特色的集成电路生产设备产业。

集成电路设备共享生产平台倡议的基本理念

本倡议的基本理念是，把国内设备生产企业及下游的集成块生产企业的研究、开发和生产，都安排在同一集成块量产工厂中一起进行，共享资源和关键数据，以促进两者更快速成长。

集成电路设备共享生产平台建立的重点

1. 筹集资金，组织一批国内精通晶圆生产的管理人才，选择一套比较通用的集成块生产工艺为样板，建一座有经济规模、商业化的晶圆代工厂。

2. 工厂保留相当的空间，供设备企业未来开发新设备时弹性使用。

3. 厂内布置的设备、材料、生产工艺以国产为原则；还没有国产的，才以海外成熟的设备择优补足，组成一条完整的晶圆代工生产线。

4. 国产设备旁必须择优伴以外购来的相同功能的成熟设备，未来并肩平行执行相同的量产任务，互相参照，并且保证量产的顺利进行。

集成电路设备共享生产平台的作用

1. 集成电路设备共享生产平台的经营方式

在集成块生产流片时，国内设备企业的新设备和外购的成熟设备并肩平行拆批执行相同的量产任务，分别收集和积累各种重要参数的量产记录，比较后彼此取长补短。以改进集成块的量产效益为导向，做必要的细部优化，提高设备的性能。

同时，国内设备企业如果有潜在客户需要做客户端现场试用评估（beta-site verification），可以在生产线上量产的状况下展示给客户评估。对客户满意的机台，必要时可以拆下销售，生产线再补充新机台。

2. 集成电路设备共享生产平台对设备企业的意义

在这样的安排下，国内设备企业一方面可以同时集体优化多台设备，得到大量有关自家设备量产的第一手资料，也可以很快地积累过往业绩记录和商誉，产品完善的进程将成倍加快。另一方面，又可以让客户在量产现场评估目标设备，既减少在客户端评估单独机台的折腾，又能得到更真实、丰富的资料，不但有助于客户采购的正面决定，而且能节省彼此的很多时间和费用。

3. 集成电路设备平台对晶圆代工经营者的意义

对于晶圆代工经营者而言，国内设备企业为了展示设备的优越性以争取商誉，必然会更用心地做好优化和维护工作。而且设备企业的现场应用工程师（field application engineer，FAE）正好可以代替代工厂设备工程师（equipment engineer，EE）大部分的工作，为代工厂节省相当部分的人工成本，FAE也可以直接取得丰富完整的设备的量产数据，有助于现在产品的加速优化和未来产品的研究开发。

4. 倡议落实的挑战

集成电路设备共享生产平台是我分析现在全球集成电路产业的状况及中国产业的特殊条件，根据得到的结论，构思出来的新生事物。像所有新生事物一样，落实的过程中一定会有很多之前未经历过的细节必须理顺，有很多挑战必须克服，当然会有一定的困难甚至风险，不过这也正是迈向创新和进步的过程中的乐趣！

建立一个具有中国特色独立自主的集成电路产业体系

中国是世界上唯一拥有960多万平方千米国土可以挥洒、有大约14亿人口消费市场的国家。这样的条件和体量，使中国的各项产业政策必然——也必须——和其他国家截然不同而具有中国特色。

世界集成电路产业用大约半个世纪的时间和大约30亿使用人口的市场（其中中国大概占了一半），由零成长到目前超过3000亿美元的销售规模。中国因为历史原因，在产业发展的中途才加入，以至于贡献了约60%的市场，只得到了不到10%（不含先进大企业在国内的部分）的销售份额。

如今中国引领的全球基础建设，将再带动另外大约40亿使用人口的新市场。这个新市场的规模完全可以让中国发展出另外一套独立自主的集成电路产业体系，分享更合乎体量的销售份额。

对中国特色社会主义市场经济中"中国特色"的一种体会

中国改革开放走的是中国特色的社会主义市场经济之路。什么是"中国特色"？若仔细观察、分析、总结改革开放40多年来中国覆盖面这么广、速度又这么快的经济发展，可以体会到，这中国特色应该是：对我们需要而还没有生产的东西，整个社会争先恐后"一窝蜂"在各地"遍地开花"，大家小心翼翼"摸着石头过河"办企业，力争生产出比进口产品更实惠的"价廉物美的白菜价"产品，嘉惠客户、赢得市场。这整个过程充分展现着既充满激情（一窝蜂、遍地开花），又合乎理性（摸着石头过河），终能做到（价廉物美）嘉惠客户、赢得市场的拼搏精神！这不就像当年我们的祖先"一窝蜂"地离开家乡，奔向四面八方未知的前程——下南洋、走西口、闯关东吗？大家明知这一去风险很大，但是去了才有机会。

集成电路产业的发展应该也是一样的。大家都知道我国目前的"质"和"量"都落后太多，前程有太多的未知，但是时至今日，作为高科技产业核心的集成电路已经到了不赶超不行的时期了。集成电路是强国必须具备的能力，否则"落后就要挨打"！

我国集成电路产业要从落后到赶超，过程中一定会产生很多失败，要从克服这些失败中学到教训，而且"不二过"，善用这些教训，使之成为来日的"成功之母"！

回顾过去40多年来我国经济的发展过程，在"发展是硬道理"的鼓舞下，全国14亿勤奋的人民在摸到了深圳特区这块过河成功的"石头"后，在各省、自治区、直辖市根据各自的条件和需要，各自"一窝蜂"上马了各种产业，食品、服饰、房地产、建材、五金、家电、手机、汽车、玩具、太阳能、风电、LED、工作母机、地铁、机场、采矿、冶金等，不一而足，遍地开花，各有特色，成就了全国大覆盖的量变。有了量，这些产业才经得起不断分解整合、存精去芜的质变，量变和质变不断循环，砥砺前行，成就了我国制造大国的地位。这种全国上下一致解放思想，"一窝蜂""遍地开花""摸着石头过河""价廉物美"，就是推动中国特色社会主义市场经济大面积、快速发展的具体表现。

中国所以能有这样的特色，是因为我们拥有诸多与众不同、得天独厚的优势：

1. 拥有960多万平方千米幅员辽阔、地形气候多样的国土（很多省的体量、土地和人口，比世界上很多中等强国还大,如英国、法国、德国、日本等),是我国发展产业的根基。

2. 全国各地各有不同的丰富资源。不但发展各具特色,而且可以取长补短,在举国体制下实行最有效率的资源配置(欧盟虽然科技强大,却不统一)。

3. 有3000多年来我国祖先思虑、实行、总结的各种社会思想和制度,供我们择优采用;通过历史的经验和教训,我们也有智慧能判断出,目前西方强权推销的"普世价值"的虚伪、自夸和包藏祸心,不落入其圈套。

4. 人口基数大,是生产力,也是消费力(我国人口是美国的4倍多,人口红利的优势大;人口和我国差不多的印度受国家制度影响,多数人工作态度相对消极,而在中国,勤奋是传统美德)。

这些条件保证了社会主义市场经济的"中国特色",使中国在改革开放30多年的时间里成为世界第二大经济体。中国GDP达到了美国GDP的约70%,是世界第三大经济体日本的2倍,还在继续以更快的速度成长。

这些条件是如此与众不同,让我们有底气"不必、也不应该"受其他国家那么多条条框框的束缚,应该解放思想、另辟蹊径,走出一条别人不敢走也没有能力走的路,否则就浪费了我们那么多独特的条件!我国为全球打造一个共享和平的人类命运共同体的倡议,和美国霸权在全球广建军事基地的行为迥然不同,这就是我们善用这些独特条件的一个很好的例子。

我们有远见地组织全球资源,把基础建设的舞台从中国扩大到欧、美、亚、非、拉等全世界需要的地方——造桥铺路,建港口、机场、水坝、发电厂、经济开发区,建孔子学院等——这些能够改善当地人民生活的基础建设,正遍地开花!数年后,这些地区将因为基础建设的加持,像我们过去经历过的那样,逐渐互通有无,共同富裕!

从"一窝蜂""遍地开花"大量建设的量变,到产业内分解、整合、存精去芜的质变,让我们的很多产业很快地从无到有、到大、到强,再到在世界各地有中国标准的话语权。

不过出于种种原因,仍然有些产业特别是复杂的高科技产业,如集成电路产业,在全球快速成长的过程中,我国却因为落后太多,不免产生了另外一些先入为主、不合适的观念,严重影响了我国相关产业的提升。这些观念包括:

1. 急功近利。没有耐心、不想、不认同或不知道苦练"基本功"的必要性——因为练"基本功"太辛苦、太寂寞、太冒险——可能练不成——也太费钱、太耗时间了!

2. 因为急功近利而弄虚作假、夸大成果,争名夺利,误导成就。这些行为大大影响了我国产业的进程。

3. 为产业赶快上马,技术来源单靠引进照抄,最多只是改良,少有原创,也少有从实验室到商品化量产过程的历练。

结果最多只知道怎样做，不知道为什么这样做，而无法做到技术自主可控。

其实急功近利并不是绝对不好，如果心态正确，急功近利可以是提升效率、甚至是创新的驱动力；但如果心态不正确，就会弄虚作假、夸大成果。后者必须避免，前者的创新和效率是"中国制造2025"和"工业4.0"（第四次工业革命）的目的之一。

引进技术只要合法，也不是不好，这确实是加速提升技术水平的重要手段之一。关键是不但要知道怎样做，更必须知道为什么这样做。不但要勇于改良（当然要按照程序制度，不可随意乱改），更要做到融会贯通、开放创新、独立自主。

··未来世界集成电路产业三大群体

预计未来，世界集成电路产业将逐渐形成三大群体：

1. 集成电路产业先进集团：以美国为首，包括北美地区、西欧、日本、韩国、新加坡、以色列，潜在市场约占全球人口的15%。

2. 集成电路产业正在崛起的部分国家：包括中国、俄罗斯、白俄罗斯、伊朗等，潜在市场约占全球人口的20%。

3.集成电路产业相对落后的国家和地区,纯粹的电子产业终端整机产品市场:包括东南亚、南亚、中亚、中东、非洲、中南美洲,以及西欧以外的欧洲,潜在市场约占全球人口的65%。

集成电路是信息时代的新基础建设

我国在改革开放之后义无反顾地致力于基础建设。在只有半导体二极管为基础的光伏产业和LED产业,我们同样得到了领先全球的地位。但是在以三极管为基础,从单管的高功率器件到数以百亿计的器件集成的集成块设计、生产技术方面,我国都有不同程度的落后,这成为我国新基建发展的短板。

整个用集成电路为零组件组装的电子整机产业包括以下配套:整机设计及组装、集成电路的电路设计、掩膜版生产、前段生产、测试、封装,以及各种设计和生产用设备、材料和软件。相较上述美国霸权领导的第一大群体集成电路产业先进地区,我国最上游的"整机设计及组装"及集成电路的封装配套差强人意,其他和集成电路相关的配套领先全球,有"世界制造工厂"的美誉,但其他环节——包括电路设计、前段生产,以及各种设计和生产用设备、材料和软件等——都有不同程度的落后,成了被"卡脖子"的对象。这造成我国部分整机产品市占率的滑落，如华为的手机。不过，这也使美国这些整机核心集成电路产品供应商的销售量跟着大幅度滑落。

另外，美国也迫使群体里的很多劳动密集型工厂搬离我国，转到越南、印度等地去生产，以减少对我国的依赖。虽然目前这些地方生产配套的供应链还不齐全，当地政府行政效率也不高，因此运营效益不及我国工厂，但是一旦情况慢慢改善，当地的供应链也建立起来，就会有更多的工厂搬过去，这将不利于我国引进外资、提高就业率和增加对外贸易收入。在最高端的工厂方面，美国为弥补其不足，甚至威迫利诱晶圆代工厂龙头台积电将整个最先进生产工厂里的所有设备、生产技术和工程师"连根拔起"，全部都搬到美国去，就近管控！

完善我国集成电路新基建的前景

我国在美国等西方国家的阻碍下，虽然在电路设计、前段生产，以及配套的设备、材料和软件等方面，有不同程度的落后，但是经过多年的努力，在整个高科技半导体产业中已经有不少成果：对我国商业化起步较晚的主流硅基产品，我国已经可以量产大于14纳米的成熟工艺；对世界新开发的，以碳化硅、氮化镓等为基底的第三代半导体、量子芯片、

第五章 工作心得：我思故我在

光子芯片、碳基集成电路等，我国与世界同步甚至领先。这些成果让我国对先进集成电路的前景充满信心。

另外，我国在电子产品产业链最上游的"整机设计"和最下游的"集成电路测试封装"，以及最接近终端客户的"整机组装"方面，在全球都居领先地位，特别是我们能以最高的效益组装出最价廉物美的整机，争取到全球巨大的终端客户市场份额。大量"整机组装"产生的大量集成电路产品需求，是推动我国对整个集成电路产业链中不足的环节——电路设计、前段生产，以及配套的设备、材料和软件等——技术自主可控的原动力！

论董明珠做集成电路[①]

格力的董明珠高调表态准备投资500亿元人民币来从事集成电路制造，媒体普遍唱衰。唱衰的理由有二：一是认为其本人不懂集成电路，没有能力从事该产业；二是500亿元人民币（大约70多亿美元）太少。然而，我并不认为如此。

格力投资集成电路产业，我认为是我国集成电路产业发

---

① 2018年8月23日，发表于"芯思想"。

展到现在的必然结果。在国内，集成电路这一单一产品的巨大贸易逆差造成的不断攀升的压力、我国产业升级的必要、国防安全的考虑，以及国外可能随时"断粮"的梦魇，使发展自主可控的集成电路产业，成为政府和社会普遍的共识。因此除了政府，民间大量使用集成电路产品的企业大户，特别是每年集成电路贸易逆差2万多亿元人民币的主要"贡献"者——格力、联想、华为、中兴通讯、比亚迪、小米等体量够大的系统组装业者——必须自制作为核心零组件的集成电路，以免公司发展受制于人。这是再自然不过的事，更是我国由"制造大国"脱胎换骨成"智造强国"必须经过的转折点。这些企业掌握了产业链最前端的市场环节——"要什么""要多少""什么时候要"——的主动权，因此从根据自己"要什么"来设计产品、委外加工开始，积累足够的产能需求后，这些企业自然会考虑自行建厂生产。这就像20世纪60年代集成电路产业刚刚开始时，都只是系统制造公司的一个部门，如贝尔实验室只是美国国际电报电话公司的一个实验室，后来发展出了杰尔。未来中国庞大的民间企业群大量参与构建集成电路产业，不但可以大幅度减少每年巨额的集成电路贸易逆差，更能保持我国对核心器件的主控权，技术自主可控，产品自给自足（就像现在的比亚迪很早就开始准备自己生产车用集成电路，如今才能在全球电动汽车市场上占一席之地）！

企业领导人懂不懂行,不是企业投入新产业的关键因素。企业领导人的任务是确定投入的目的(比如保障格力的集成电路需求),筹措资金,并找对真正懂行的领军人去落实,并非亲力亲为——一个人不可能样样懂,懂得像专家那么深入。有为的企业家要在社会上引领产业进步,必定有远见,有勇于突破的个性,以及通过实际经营企业摸爬滚打过来的亲身经历总结出来的智慧和勇气。他们不会被媒体一些似是而非的议论所左右(当然也会用来参考,并警醒自己,但绝不会奉为圭臬)。

集成电路制造和组装业很不同,并非靠读几篇文章、开几个座谈会就可以做决定,虽然做功课也是必需的。笼统而言,在某一技术领域要成为专家,需要10年以上专心致志的努力,而要对整个产业的走向能讲出个子丑寅卯来,要有20年以上的广泛浸淫。故而,要求企业家真正懂集成电路产业才能涉足,是不切实际的。

因此,关键是实际执行的人必须真正懂行,而投资人可以不懂。

值得进一步探讨的事实是:业界发现,比台积电先成立七八年、同是台湾当局支持的联电,目前的格局仅大约是台积电的1/5!这种巨大差异形成的过程中,联电并没有少折腾以求保持领先,但是这些努力均告"无效"。这是为什么,很值得EMBA(高级管理人员工商管理硕士)的行家探讨。

至于资金方面，我认为，如果是以做格力空调用的大部分集成电路为主，500亿元人民币只要不被挪作他用（比如拿去炒房地产），要组建一个完整的设计团队，再建一个有经济规模的生产工厂，是绰绰有余的。之所以有些媒体说远远不够，是假设要制造诸如内存、CPU、比特币挖矿机之类，必须用大量最先进的昂贵设备的工厂，才会不够；要制造空调用的，以及大部分工业用的集成电路的产品，所需设备相对成熟且便宜多了。若偶尔有小部分产品需要用最先进设备生产，依靠国内有14纳米能力的中芯国际这样的专业代工企业即可。因此，500亿元人民币绝对是绰绰有余的。

我很佩服董明珠董事长的魄力和眼光，也很乐见有很多企业家同时涌现，"表白"要进入集成电路产业。倘若这一切成真，又如果他们确实是要发展产业本身而不是为了其他目的（譬如圈地或圈钱）忽悠政府和社会，那么，先由有前瞻眼光的政府牵头主导，随后有广大民间企业积极广泛参与，将是中国集成电路产业发展的一个新纪元的开始。集成电路产业自主可控是可以期待的！

第五章　工作心得：我思故我在

中国大陆应重回DRAM市场[①]

　　DRAM是目前集成电路产品中销售量和销售额最大的单一产品，其生产工艺更是整个产业最先进的指标。过去20年来，中国大陆也曾努力要进入这一市场，但最后都后继乏力。如今全球经济和集成电路产业的情况，是大陆重回这一市场很好的契机。

　　目前中国大陆DRAM全靠进口，而DRAM是组成电脑四大功能——信号输入、运算、记忆（储存）及结果显示——中主事记忆的"脑细胞"，没有DRAM就不成电"脑"！反之，DRAM数量越大，电脑越"聪明"。根据历年市场报告，单单DRAM一类产品，就约占全球集成电路市场销售额的1/7。中国是世界电脑生产大国，每年DRAM使用量很大，但无一是大陆自己生产的！中国曾在20世纪90年代积极引入DRAM产业：和日本NEC合作的首钢NEC、"909工程"的华

[①] 作者按：此文完成时间大约在2003年，到如今全球集成电路产业已经发生很大的变化，产业环境已经大不相同，本文部分内容已经不合时宜，但仍附于此，以记录在当时环境下，作为一个DRAM从业人员，我对大陆DRAM产业的建议和期望。

虹NEC；日后中芯国际也曾生产由日本引进的DRAM，但这些项目全都因后继乏力加上长期亏损而功败垂成！

目前虽有韩国海力士入住无锡，但它不是中资企业，因此目前中国大陆DRAM可说是全靠进口。

电脑固然可以靠增加DRAM的数量来使性能提升，但成本也会跟着增高，因此最好的办法是让每颗DRAM晶粒挤进更多的"脑细胞"（memory cell）。这就意味着企业必须不断开发更先进的生产工艺，缩小"脑细胞"的尺寸。这也使DRAM成为所有集成电路的产品中最迫切追求先进工艺的产品，它的技术是集成电路工艺的技术指标，更维持摩尔定律长期不衰。

回顾全球DRAM发展史，20世纪70年代，美国因首先发明DRAM而引领产业，80年代日本以相对优越的品质超越欧美，靠的都是技术；90年代后，韩国的三星和海力士吸收先进同业的技术并消化后，大力投入自主研发，到21世纪头10年，已大幅度领先所有竞争者！中国台湾的4家企业——南亚科技、力晶半导体、茂德科技和华邦电子——则和欧美日同业分工，付钱接受转移技术配以产能分享，虽省下部分研发费用并保障了更好的产能使用率，但却未能掌握最先进生产工艺，以致生产成本偏高，利润较差！2003年三星的市场占有率超过40%，并立志很快超过50%；居第二位的海力士也占20%以上；第三位日本尔必达（ELPIDA）占16%；第四位美国美光占10%；而中国台湾替尔必达、西门子和美光代工的4家企业，总共只约占12%。可见技术乃是高科技产业的基本功。

资金是技术开发和利用的后盾。DRAM的生产技术是集成电路产业的指标，几乎所有的新技术，特别是缩小产品最关键的光刻及配套的技术和设备，都是以DRAM的需求为指标的！但是这些新技术的开发费用和购置成本都极高，因此，要维持永续经营的DRAM产业，必须有雄厚的资金作后盾，目前的产业形势更说明这一事实。

报载三星挟其积累的雄厚财力，不断升级生产技术、支出巨额资本，以支持不断扩大的市占率。相比之下，其竞争者特别是中国台湾的竞争者，多年来因成本较高且规模太小，单靠营业收入已无法积累可匹配的资金来赶超三星的生产技术升级及资本支出力度。因此，其市场份额不断被三星侵蚀，恶性循环代代重复！

全球晶圆代工模式的启发：

中国大陆曾经努力引进DRAM产业，但最后功败垂成，主要也是因为技术没有落地生根和企业财力不足。如今国内外环境发生了很多良性变化，给大陆重回DRAM产业提供了良机。这些变化有：电脑整机产业规模更大，对DRAM需求更多；已具备上游产品设计能力（山东的浪潮集团并购奇梦达在西安的DRAM设计子公司）；下游封测厂规模更大；周边配套资源更完善；专业人员更多且更有经验；政府和民间的财力更雄厚。考虑高科技集成电路产业中数量最大的单一产品DRAM出现缺口的后果，中国大陆应该重回DRAM市场，方式可以参考阿联酋阿布扎比进入晶圆代工业的做法。

油源充沛的阿布扎比买下经营困难的微处理器第二大企业AMD现成的先进工厂，再整合晶圆代工产业内排名第三的企业新加坡特许半导体（Charted Semiconductor），并与IBM合作以加强自主研发能力，短短三四年，营业额就已可挑战代工"老二"联电（这时韩国三星还没进入晶圆代工行业），并打算很快在阿联酋建最先进的晶圆代工厂，弥补中东地区没有集成电路厂的缺口。

大陆可参考上述模式重回DRAM市场：方法是重复20世纪90年代的"909工程"，选择合适者投资合作甚至并购，然后建设先进生产厂，并强化自主技术开发能力，扩大市场份额，实现自主可控的DRAM产业。过去10年里，中芯国际弥补了我国纯晶圆代工的缺口，未来10年该是弥补DRAM缺口的时候了！

中国的集成电路制造业三两谈[①]

集成电路是信息时代的根基，此事已成共识，但国内一般仍普遍对这产业不了解甚至误解，这对其成长带来一定的负面作用。本文希望能发挥些许科普引导作用。为便于理解，本文内容除非必要，将尽量少谈产品中复杂难懂的技术细节，着重论述集成电路产业和其他制造业共通的环节，希望能让更多的人即便不懂技术细节，也能体会到除了产品不同，这个产业的经营实际上和其他制造业并没有太大差异，以拉近人们同这个行业的距离。同时我也希望，能让产业中只专注某一专业的专家对其从事的行业有进一步宏观的认识。

此外，笔者也想表达自己对下述事实的看法：为什么公认是"世界工厂"的中国，尽管已对集成电路产业有大量的投入，但是国产集成电路占全国使用的比例仍然很低？

---

① https://zhuanlan.zhihu.com/p/28171198?from_voters_page=true.

集成电路产业分类

依专业区分，和整个集成电路产业相关的企业有如下分类：无工厂电路设计业、掩膜版制作业、技术开发服务业、晶圆代工、芯片测试业、晶粒封装业、厂房设计及施工业、动力系统设计及施工业、材料生产业（包括晶圆、靶材、化学品、气体等）、废弃物处理业，以及支援这些企业的设备制造业、软件开发业、分析工具开发业。当然也有一些企业同时从事数种上述专业，如IDM业者同时从事电路设计、晶圆生产和芯片测试，有些也从事晶粒封装。

经过多年的努力，中国这些企业种类已经相当齐全，只是规模大多不大，特别是核心的产品设计、技术开发、材料生产、设备制造等，各企业的规模占全球的份额仍然很低，技术能力和世界最高水平比较，仍然存在较大的差距。

集成电路制造环节

上述这些企业支撑一块集成电路从无到有、再到退出市场的全部历程。整个历程按顺序可以分为以下环节：

- 整机生产业者依据终端用户要求的整机产品性能，制定整机产品的规格；
- 整机设计者依据整机产品规格，制定所要使用的集成电路规格；

- 电路设计者依据电路设计规格，选定合适的生产工艺，并依据其对应的器件参数设计电路；
- 布图专家依据生产工艺对应的布图规则，为设计的电路布图；
- 掩膜版制作业者依据布图制作掩膜版；
- 有时，晶圆生产者会配合客户需要，修改、增减原来选定的生产工艺，是为客户定制工艺；
- 晶圆生产业者依据确定的生产工艺生产工程批，供电路设计者对产品的电路设计规格做认证。必要时，对电路设计、掩膜版、生产工艺等环节加以修改，以优化产品的良率；
- 工程实验批的良率和可靠性达标后，开始小批量生产，给客户组装整机样品，做产品应用的认证。必要时对上述环节的成果加以修改，以优化良率和可靠性；
- 整机样品的应用认证达标后，晶圆生产者开始大批量生产，通过标准的品质检验程序后，出货给整机组装厂组装整机，销售给市场的终端用户；
- 从市场大量使用过程中得到真正的可靠性反馈，必要时对上述环节的成果加以修改，以优化集成电路的可靠性；

- 新产品出现，原来的产品逐渐退出市场。

其中，产品设计和客户定制工艺的开发及生产过程，就是集成电路技术最核心的研发作业。一块集成电路要能合格地被用来组装整机、在市场上流通，其研发成果需要先经过不断的认证、修改及优化。这些过程非常复杂，牵涉的专业非常多，使用的工具非常精密和昂贵，全部花的时间合起来短则数月、长则数年。其中工程实验批主要用来验证产品是否符合电路设计规格，小批量生产主要用来验证可靠性是否达标。在这两个时期，产品都还在验证过程中，严格说来都还不是真正意义上的商品。只有可靠性通过完整的标准检验程序后，产品才能成为可以销售的商品。

这个过程和其他制造业开发新产品是一样的——在作为商品大批量生产前，其他产品也同样必须经过产品设计、生产样品、认证、生产、出货、客诉处理等过程，只是内容的繁简和技术专业因产品不同而异。

集成电路制造生产设备与科技

在整个集成电路产业中，需要投入最多资金的是晶圆生产工厂的生产设备。一座设备齐全、有经济规模的先进生产工厂，大概包含四五十种用途、上千台的精密昂贵设备。这些设备牵涉很多专业、深奥的科技，下面仅对涉及的类别做简单介绍，具体细节暂不一一阐述：

- 原子扩散、离子注入退火，以及薄膜沉积及生长的高温炉管；
- 薄膜沉积、刻蚀及去除的气态化学反应设备；
- 表面除污、薄膜刻蚀及去除的液态化学反应槽；
- 薄膜沉积的固态物理溅射设备；
- 高真空、高电压的离子注入机；
- 精密光学成像的曝光机；
- 精密抛光的化学机械研磨机；
- 成像、成形后的检验机台；
- 器件和产品的电性测量机台；等等。

一块集成电路从无到有的"一生"，就是在这些设备之间反复操作数百次的结果。这些生产技术的科学原理都很深奥，设备的设计复杂精密，因此负责的工程师都必须学有专精；加上在专业上以"工匠精神"长年累月地积累经验，才能做到专业能力与时俱进、不掉队，合格地执行制造任务。

技术取得：自力更生为主，技转、并购为辅

由于历史原因，长期以来，多数国人在心理上和现实中默认技术的取得是依赖技术转移或并购，造成疏于自行开发技术和积累产品经验。

技转和并购确实可以让我们比较快地得到技术和市场，这对于应用周期长的技术或产品而言或许值得，但是对变化快的技术或产品，技转则意味着落后。因为为了保证技转成功量产，技术来源者提供的技术或产品一定是已经成熟量产有些时候了的，而不是还在优化、即将推出的下一代。如果技术接受方不能很快地接受、吸收、消化、创新并迎头赶上，技术来源者将继续维持领先的地位，之后要得到新的技术和产品，都必须重新再谈。

进一步讲，技转或并购的机会并不常有，更何况现在西方国家对中国技转和并购的管控越来越严格，要靠技转先拉近差距再图赶上的机会已越来越少。因此，技术取得必须"以自力更生为主，技转、并购为辅"！

产品推销：要有业绩记录证明

集成电路主要的使用者有两类：一类是用它来组装通用产品的整机生产厂，另外一类是有特殊应用需求的专业客户。前者的产品要面对广大群众，使用量庞大，发生差错的机会大增；后者的使用量虽然小，但是产品很贵重，可靠性很关键。两者都容不得差错，否则后果不堪设想。业界已经有很多教训，这就是为什么即便是国内的整机生产厂，对采用新上市的国产元器件，因为这些元器件没有长期大量在市场流通，积累足够可信的业绩记录，所以仍然非常保守。然而，没有被大量采用就无法积累可信的业绩记录，就更加不容易得到订单！这是典型的"先有鸡还是先有蛋"的矛盾！

同样的矛盾也发生在国产集成电路生产设备及材料的供应者商和集成电路生产厂之间，他们也因为同样的原因难以得到订单，成长缓慢。

举国力、集众智，共促中国集成电路产业全方位成长

材料和生产设备、集成电路、整机产品，是集成电路产业由上到下互为上下游的三个层面。材料和生产设备是支持集成电路生产的两大基础产业，而集成电路是整机产品的核心器件。中国是整机生产大国，但却是材料和生产设备、集成电路三者的生产小国。

先进国家一直以管制对中国输出上述三者（材料和生产设备、集成电路）为手段，限制中国整个集成电路乃至高科技产业的成长：有时候放松一点，让中国比较容易取得，以弱化国内企业自行发展的意志和动力，继续拉大能力的差距；有时候调节销售数量，既控制产业成长的速度又维持使用者采购的渴望。这种外在的管制，使中国整个集成电路制造业（包括材料和生产设备、集成电路）在不知不觉中被削弱了！雪上加霜地，上述来自内部的"鸡和蛋"矛盾，使我

国集成电路产业的削弱进一步加重！所以说中国整个集成电路产业的成长，长期以来腹背受敌！

异军突起，新能源产业开启双赢模式

　　幸运的是，最近几年来，同是用到半导体的太阳能和LED照明的生产工厂，在全国各地遍地开花。这两个新能源产业对原材料和生产设备的需求量很大，而规格要求比集成电路制造相对宽松，不但使得国产材料和生产设备产业企业得到很多意想不到的生意，企业营业额大幅度成长，量和质都得到很大的提升，这些企业还因此有机会积累了大量的量产过往记录，增加了集成电路生产者采购产品的信心。

　　虽然大家都知道太阳能和LED照明这两个产业本身目前的经营都还很惨淡，但它们带动了周边的配套产业，也间接对集成电路制造的两大基础产业的成长产生了良性"副作用"。这是因为中国市场的体量天生巨大，不但有能力吸收新进产业本身的成长成本，更可以善用其新需求，让其他相关产业受惠。

创新思维：建设"共享"示范工厂

　　就生产半导体芯片的材料和设备对技术要求的严格程度

第五章 工作心得：我思故我在

而言，生产太阳能和LED照明芯片的要求最宽松。按照要求越来越严格的顺序，接下来依次是集成电路产业的6英寸、8英寸，其次是早期的12英寸生产，最后是最先进的12英寸[①]生产。

中国集成电路两大基础产业——材料和设备产业——固然因为两个新能源产业过去的蓬勃发展，初步舒缓了取得量产业绩记录和销售的矛盾。但是由于这两个新能源产业的技术层次比较低，因此必须考虑建立技术层次更高的各种尺寸的集成电路生产厂，以积累真正属于集成电路的量产业绩记录，踏踏实实地补上我们和世界先进公司相比落下的功课。

过去，就是因为太阳能和LED照明企业在全国各地遍地开花，大量建设，集成电路工厂才能有机会积累大量的量产业绩记录。要从真正使用生产集成电路的设备和材料的工厂中得到充分的业绩记录，也必须有大量的集成电路生产工厂。

为达到这个目的而且不影响正在生产的现成工厂，作者提出由政府或业界共同投资建设一些以使用各种尺寸的国产设备和材料为原则的产业示范工厂的想法。在这些工厂里，国内所有设备和材料企业可以把自己正在开发、试用、销售的设备产品都集中起来，从市场上补以还没有国产的进口二

[①] 晶圆片生产的成熟程度和规格的严谨程度，依照尺寸由小到大慢慢演变，一种尺寸大概涵盖五六代技术的产品。小尺寸的末代和大一级的前代互相交接。

手设备，组成一条完整的生产线。在这里灵活安排并同时进行这些设备和材料的开发、改良、生产、认证、展示、销售于集成电路生产之中，同时也利用这些设备做代工生产业务，实际使用这些设备。这是一个产业资源整合、兼具生产与示范功能的量产工厂。客户可自由参观工厂，根据自身实际生产情况从线上进行设备的评估采购。这个工厂既能够收集大量国产设备的业绩记录，又节省了设备引入使用企业前的现场验证过程，间接减少了彼此的经营成本。在这个共享经济时代，集成电路行业的发展理念也应该与时俱进，这样的一种发展模式也可以理解为此行业的"共享"发展模式，具体细节在《关于打造集成电路设备共享生产平台的建议》一文中有详细阐述。

市场是考验研发成果实用性的唯一标准

我常常在媒体上看到集成电路产业部分专业人员急功近利、弄虚作假，其成果不真或无法商业化，贻误产业发展进程。所幸经过这几年中国产业逐渐升级，企业对产品研发、生产的管控也日趋严谨，虽然有些不必经过市场考验的专业的研发成果仍然存在抄袭作假的情况，但幸好为商业用途而完成的开发成果，不但在开发过程中要经过前述层层认证，而且最后更要受到市场接受、创造业绩的考验，能通过的成果必然是货真价实的。

集成电路产业虽然涉及的专业广泛且复杂，但是开发新产品和经营与一般制造业并无二致，都要经过规格制定、产品设计、生产、认证等环节，有经验的制造业者在学有专精的专业人才的协助下，都能经营。

总之，为了赶超全球先进的材料和生产设备企业，本文抛砖引玉，倡议建设"共享"模式的示范工厂整合产业资源。这些示范工厂集集成电路产业链所有环节——材料、装备、生产工艺、产品设计、软件开发及应用等——在一个屋檐下，兼具试验、开发、量产与示范功能，彼此之间做最有效率的沟通交流，能快速积累所有产品的量产过往记录，集体补上我国过去落下的验证产品商品化、量产化必须做的所有课题，使产品达到必要的性能，使客户对国产新产品抱有信心，将产业链中的所有国产产品一项一项推广出去，快速完成我国集成电路全产业的自给自足，不再被"卡脖子"！

IDM还是晶圆代工，这是个问题[①]

集成电路产业的本质是把各种制造自动化、智能化的整机产品需要的各种不同电子元器件，经过电路设计和生产过程，制造成集成块，供整机组装厂生产出整机产品。设计和生产是实现所有工业产品的两大环节："设计"环节是把目标产品绘成图（如成套的掩膜版），"生产"环节是按设计的图做出实体的产品。两者的工作性质大有区别，兹分析如下。

专业和工作内容的差异

集成电路的"设计"是把整机的功能，包括电源管理、资料存取、逻辑运算、信息传感、输出驱动和显示等功能，利用电子电路设计的专业知识，具体实现成不同的几个集成电路产品，而每一产品又都因为要使不同整机应用的最佳化，衍生出一系列功能相似但规格不同的分支产品。因此世

[①] https://www.sohu.com/a/167753125_132567.

第五章 工作心得：我思故我在

界上集成产品的种类逐渐庞大起来，据说目前世界上同时有三四万种各式各样的集成电路在市面上交易。有些功能族群——比如功能类似脑细胞的内存族群，因为通用于很多不同的整机，因此市场上同一种类的产品需求庞大，是为"大宗（通用）产品"。另外有些分支产品，比如用于不同压降的电源管理或输出驱动产品，则常常随整机不同的应用场合而变化。个别产品的需求量就小很多，是为"特定应用产品"（ASIC product），甚至有专门为特定客户设计、制造的定制型产品（customer-made product）。

集成电路的"生产"过程则包括了开发出适合的制程整合流程来生产上述"设计"出来的各种产品，以及往后的批量生产。制程整合流程整合了很多不同的单元模组制程，不同集成电路产品种类的制程整合流程的整合方式有时差异很大，比如生产内存和生产电源管理的制程整合流程，就有明显区别。

组成制程整合流程的单元模组制程，至少包括以下专业流程：高温处理、气态化学反应、液态化学反应、固态物理溅射、高真空、高电压、精密光学成像、精密抛光、电子CD测量、各种电子元件的电性测量等。一块集成电路从无到有，就是让硅片在从事这些个别单元模组制程的设备之间反复操作数百次的结果。量产的产品每一批新的投片开始，都是一次新的反复操作，每次新的反复操作，都必须保证片与片之间、批与批之间近乎完美重复，否则产品很可能就要报废！

集成电路制造的单元制程多样且深奥，每一个模块工艺都牵涉复杂的物理、化学、材料学原理对硅片材料加工技术的应用，以及最基本的原子、分子、电子理论。因此，负责的工程师必须学有专精，而且因为涉及门类繁多，制造中需要的专业工程师的人数也多：一家有经济规模的生产工厂要能自行开发技术并支持全工厂的量产规模，至少需要十几位专业工程师，生产线上还要有几十到几百位操作员。这个总人数和生产的技术水平及工厂规模有关。

设计环节方面需要的人才的专业要求相对单纯，主要是学有专精的电路设计、测试布图等方面的人才。人才数量和产品技术水平及种类的多少有关，虽然也有几十、几百位相关专业人才组成的设计公司，但也有只有几位员工的公司，我甚至还碰到过只有一个人的设计公司！

资产结构和经济规模的差异

因为产品种类不同，一家有经济规模的"无厂设计公司"的资产，可以从几百万到几亿元人民币，主要用在仿真用的电脑或工作站、仿真软件、产品研发测试机台上，以及产品量产前的开发费用等运营资金，开始销售后的代工费用。而一家有经济规模的"纯晶圆生产公司"（pure foundry），从6英寸到12英寸，资产可以从数亿到数百亿甚至数千亿元人

第五章 工作心得：我思故我在

民币，是"无厂设计公司"的百倍以上。资金主要用在购置种类和数量繁多、精密昂贵的生产装备上，以及规格要求非常严格的厂房车间和动力设施；运营资金主要用在和生产相关的各种材料和动力上，以及运营过程中的管、销、研支出。

这里所谓的"经济规模"，是指企业产品销售的数量大到使生产总成本平均下来的产品"单位"成本的变化趋于平稳（生产总成本包含所有生产变动成本，加上所有固定摊提及管、销、研、财等经营支出的固定成本）。

因为成本中有"固定摊提"一项的缓冲，产品的售价只要不低于"平均成本"太多，或销售量也不低于经济规模太多，企业经营就不会产生现金流问题。这正是有些初创企业早期碰到难关还能力挽狂澜的道理。

在销售的成品外观方面，设计公司销售的是晶圆切割下来后封装好的"一粒粒的集成块"，工厂销售的是"一片片的晶圆片"。因为成品不同，一片晶圆片上可以切割出数十到数万粒可以用的集成块。以下为方便比较，设计公司的规模仍然以采购进来的晶圆片的数量为原则。如此，达到经济规模的"无厂设计公司"和"纯晶圆生产公司"每个月的片数，估计应分别为2000片和2万片以上。当然，两者分别和产品的种类有相当大的关系。但总之，两种企业分别以"千"和"万"为单位，即数量有10倍以上的不同。

因此，新成立的集成电路企业要采用同时从事产品"设计"和"生产"的IDM模式，以避免因为达不到生产工厂的经济规模而造成工厂亏损。新企业必须能够"单独承担设计、生产、销售"，具有每个月生产出2万片晶圆的能力！当然，销售集成块的利润可以抵消部分工厂的亏损，但是两者经济规模的差距对产品设计部门而言仍然是很大的挑战。

而如果只从事"纯晶圆生产"，则只要能有每个月从众多设计公司"招揽"来2万片以上的晶圆订单的能力就可以，不必自己承担设计产品的任务。

这数目当然会随着企业整体的经营效益、资金来源、股东期待、市场环境、目标产品等因素的不同而有变动，但重点仍然是"纯晶圆生产公司"的经济规模是"无厂设计公司"的10倍以上。因此，如果没有长期对晶圆销售数量的来源积累，可以在工厂开始生产时把这些晶圆转来新工厂生产，尽早做到经济规模以上。无论是原来的"纯晶圆生产公司"还是"无厂设计公司"，要转型成"设计和生产兼顾的IDM"，或者是要开始新的IDM集成电路企业，就要有承担长期亏损的心理准备和面对庞大资金需求的认知。

产业规模越大分工越细

前文提到晶圆代工和IDM在"专业和工作内容的差异"，这些差异"常常"在现实企业的管理上造成矛盾甚至对立，无形中影响经营效益，增加成本。这是为什么有些原来的IDM后来分解成"纯晶圆生产公司"和"无厂设计公司"，如美国的AMD、中国台湾的联华电子。也曾经有"无厂设计公司"建了晶圆生产工厂，转型成IDM，结果破产被收购，如20世纪90年代中国台湾的系统科技。事实上，这也符合产业发展的规律，即产业规模越来越大后分工越细，因为"细"了才能"专"，"专"了才能"精"，才能创新和提高效率，才有竞争力。

有人认为产业的功能分工越细，成为不同的公司时，上下游之间的交流没有同在一个屋檐下的效率高。姑且不论现实中是否一定如此，作者认为，现在"工业4.0"的诉求，理论上就是要促进产业链分工求"精"后，所有环节之间无缝交流，以共同合作追求效率的最佳化，这不仅仅局限于设计和生产两个环节。

总结

产品设计公司是否要自建生产工厂从事IDM形式的经营，关键在于必须"自己设计"拥有的产品，有单独承担月生产出2万片晶圆片以上的销售能力，否则就要做好长期亏损的心理准备。即便打算建厂从事IDM形式的经营，还是要考虑如何有效整合两种完全不同的专业人才。

一个IC人浅谈工业4.0[①]

世界工业的发展已经由第一次工业革命（工业1.0）演进到第四次工业革命（工业4.0）。很多书籍、文章从不同层面阐述及讨论其内涵，我拜读之余，结合自己在工业中最特别的集成电路产业工作多年的实践经验，对工业4.0的内涵有了更深刻的体会。本文旨在浅谈个人看法：

人类的欲望推动生产力不断提高

自从远古以来，人类所有的活动无论直接间接，多是为了攫取或生产维持食、衣、住、行、育、乐等生活需求的各种产品。随着人口不断增加，也随着人类对产品的取得一再提出更高的多、快、好、省的要求，人类生产产品的手段和能力自然必须不断提升。

---

① http://www.semiinsights.com/s/electronic_components/23/28552.shtml.

第五章 工作心得:我思故我在

产品生产力来自思考和执行两种能力

人类制造产品时,先要经过脑力思考做什么和怎么做,决定后再指挥人力执行,把产品做出来。思考的能力包括对数据(数据是经验的描述和数字化)的收集、分析、总结和根据总结下指令;执行的能力即为体力和四肢劳动合起来的人力。工业(制造业是其主体)的演进是人类利用自然界的资源来延伸自己脑力的思考能力及人力执行能力的过程。每一次工业革命都标志着演进过程中因为有生产力的新突破而产生飞跃性成长的节点:

- 工业革命之前,人类只能靠自己的"洪荒之力"——脑力和人力,以及利用兽力;
- 工业1.0时期,人类引进自然界的机械力,开发执行工作使用的工具及设备,大幅度延伸人类体力和四肢的执行能力(例如蒸汽火车代替人力三轮车,大幅度提升了效率);
- 工业2.0时期,人类引进电力,使生产力不但得到进一步的大幅度提升,而且可以集中大量生产这种新的生产力——电力——再输配到远处,以同时供应一大片地区中的众多工具和设备同时使用,不再像机械力那样只能局限在发力的局部地方使用;
- 工业3.0时期,则引进电脑以延伸人类脑力的思考能力，电脑能帮助人们想得更复杂、更快，记得更多、更持久，而且电脑也像人一样能指挥工具和设备工作。

上述大自然的机械力和电力都是人类开发出来的，电脑以及其他工具和设备也是人类设计和制造出来的产品，电脑的"脑力"即"思维能力"，更是人类输入的。

产品的产生要考虑六个环节

生产产品之前，首先要做市场调查：决定要做什么产品（what），客户是什么人（who），什么时候要（when）。市场调查有了正面结论后，才能决定要怎么做（how），为什么要这样做（why），以及做好后要送到什么地方（where）去。这就是6W环节。

在6W环节中，执行要怎么做和为什么要这样做的生产环节，是制造业的重中之重，因为生产环节包括产品设计、技术开发、产品生产、测试汰选、出货物流、售后服务等步骤，是制造业的核心，是整个产品生态中投入人力、物力、资金最多，执行工作时间最长的。因此，生产环节一直是工业1.0到工业3.0演进的重心。知道为什么要这样做，使要怎么做正确无误，能够确保"做"得有效，不会白做、重做，浪费资源，无法得到预期的结果。

由个人生产到工厂自动化生产的演进

就生产形式而言,在最初的手工业时代,产品的生产过程简单、没有多少工序,主要靠工匠一个人,最多再带领几个学徒,使用作坊中为数不多的简单工具就能完成。

到工业1.0和工业2.0时期,机械力和电力的辅助大大提高生产力,产品的工序越来越多、越来越复杂,因此配合的工具、设备和工作人员也越来越多。小作坊变成了大工厂,工厂里到处布满了设备和工人。生产过程中,半成品依照流程的工序在这些设备之间忙碌穿梭,显得杂乱无章。因此人类通过脑力思考,把复杂的工序依照前后顺序安排成只进不退的流水生产线,使前后工序之间的产品传递时间缩短,半成品的积压减少,产品质量得到控制,人力得到合理安排等,生产效率大幅度提高,成本大幅度降低。同时,这种做法开启了生产管理这一新学科:它探讨如何提高产品生产的效率,基本上就是用思考力优化执行力的成果。

工业3.0时期,智力由人脑延伸到电脑,电脑部分代替人脑思考和指挥执行工作,特别是大量枯燥的重复工作。人类越来越少地直接参与现场生产操作,也就是生产越来越自动化,逐渐演进到无人工厂的境界。整个无人工厂就像一个巨大的、不知道疲劳的机器人!

到了目前工业4.0的生产智能化时代,自动化就不仅只及于生产环节而已,也涵盖了上述产品6W生态环节的其他五个环节。而且电脑也由只能机械性地自动化,发展到能和人有类似思考能力的人工智能(AI):只要在开始运行时,"人"给它合适的智力(电脑程序),电脑就能够自我学习,不必一再输入电脑程序。

6W一体自动化的工业4.0

产品生产环节是制造业的重中之重,所以工业4.0仍然必须对产品生产环节继续加强,使其不断多、快、好、省;同时也要重视其他5个W,把全部的6个环节串联起来思考,调和彼此的相互影响,使产品开发得到最大效率。因为6W环节环环相扣,任何一个环节的脱节,比如市场定位错误、上市时间延误、规格定义不当、生产良率起伏不定等,都会浪费投入的昂贵生产资源,让市场开发蒙受损失,甚至让所有的努力都泡汤!因此,工业4.0时期的自动化,不能只强调个别生产设备或整个生产工厂,还要同时考虑产品生态中所有6个环节的相互关系和影响。改进过程中,必须反复地收集和分析大量数据,总结出结论,并传递指令让工厂执行工作,过程比工业3.0以前只以产品生产环节为重点要复杂许多。

目前科技进步发展出来的大数据和互联网技术,包括大数据收集和分析、云计算、机器人、仿真、水平和垂直系统整合、物联网计算技术等，正好为上述复杂的工业4.0发展提供必要的手段。

大数据和互联网技术提供工业4.0发展的基础

海量的大数据有两类：现成的和不断新产生的。现成的数据已经存储在云端；新数据则是世界各地所有电脑随时产生的、被收集的互联网数据。大数据技术和云技术对这些数据收集的能力非人类可比拟：时间上古往今来，位置上无远弗届，存储处无孔不入，数量上巨细靡遗；而其分析能力快速、深入、到位，结果是思考及决策的方向更准确，例如阿尔法围棋（AlphaGo）。

因此，推动工业4.0就要善用大数据，做到：选择做什么产品，能弹无虚发、命中率百分之百，各个产品在市场上都热卖而且利润高；研发的"怎么做"实验，每试必中、不必修正，从不浪费时间；产品生产过程流畅，没有返工及误操作，产品质量好，交货期及时、顺利，从不耽误。不断多、快、好、省地使无人工厂这个巨大的机器人，让它不但更像人，而且成为一个超人！

总结

人类对于满足食、衣、住、行、育、乐等生活需求的产品，对其生产时"多、快、好、省"的要求一再提高，促进了产品生产力（包括思考的能力和执行的能力）不断创新拔高，造成工业革命的演进。目前人们还在继续努力使生产"多、快、好、省"的水平继续提升，乃至极致。

或许有一天，我们能做到像《西游记》里的孙悟空那样，拔一根毛吹一口气，要什么就能马上变出来！

·· 我们有的是人才，只是没有人尽其才

拜读中芯国际前员工梁昌年2018年5月在公众号"半导体行业观察"发表的《我在中芯国际的往事，兼论中芯的竞争力》（来源于公众号"独角兽智库"）文章，有感而发。

我国特别注重人才的培养，改革开放40多年来，在十几亿人口的基础上积累了不少各行各业的人才，其中也包括适合从事集成电路产业内拥有各类技术经验和水平的人才。且不论整个产业需要的人数够不够，先看看现在从业的人员，其能力是否在企业得到充分发挥，其努力的成果是否得到认

可。如果梁先生在文章中描述的现象属实，文章中的"企业内政治"（company politics）抵消了人才的努力，甚至也造成人才的流失，那么企业有再多人才也无济于事！这种现象虽然不是所在多有，但也不是绝无仅有的。看到媒体上有关美国前总统特朗普幕僚团队成员之间的纷纷扰扰，就知道这是普遍现象，所谓：只要有两个人就有政治，性质不同而已。

我认为，这种现象的底层原因主要在于企业的组织是金字塔形的架构：越顶层机会越少，员工在上升愿望的驱使下，就产生了竞争。竞争有良性、有恶性，而"企业内政治"一般是一种恶性竞争。

"企业内政治"显示企业内有竞争，这本来不是坏事，重点在如何把这种会给企业造成负面影响的恶性竞争，转化成激发员工潜力的良性竞争，引导企业成长。我认为，关键在企业内各级领导的专业和处事综合领导能力上。

在企业里，各级领导根据他被赋予的任务，布置部门里每个成员必须分担的工作，分配需要的资源，每个成员要发挥他的专业能力努力完成任务，以得到预期的成果。所有员工的成果集合起来，就是企业的成就，直接关系到企业的兴衰。如果很多员工的努力因为"企业内政治"被抵消了，企业就难以成长，员工的职业生涯终究也会受到不好的影响。

员工的表现受到上级领导的影响最大。每一个员工的任务和资源都来自领导，对员工如何适才适用、分配得当，是领导的第一个挑战；对每个员工的工作成果给予公平合理的考核评价，是领导的第二个挑战；对员工的成果，优秀的给予恰如其分的赞赏和鼓励，不达标的给予能被了解和接受的批评建议，使其改善进步，是领导的第三个挑战。做好这三个层次的挑战，是领导消弭"企业内政治"的必要条件，如何做好员工管理，考验各阶层领导的综合领导能力。

这方面，我觉得我在美国英特尔公司早期时（公司创业后的头十几年）的经验就很不错。当时新员工都要上一门关于目标管理的课，这门课正是教领导如何布置工作、评估成果，以及最重要的如何沟通的。领导和员工每周要安排两个小时一对一的不受打扰的闭门会议，坦诚、充分地交流领导的期待及评价，以及员工的说明及反馈，最后达成共识，彼此没有误解。企业里所有员工很好地处理上述挑战，避免彼此之间盲目猜忌，在企业里树立公平、公正、公开的良性竞争、共同成长的企业文化，极大地影响了每个人的工作成效。因此，英特尔公司总体上在业界表现优异，是当时全球成长最快、最大、最赚钱的半导体公司。

另外在人才的数量方面，查阅百度，可知我国大学每年泛理工科毕业生人数至少有100万人，国内集成电路公司除了可以招聘半导体专业或集成电路专业对口的毕业生，还可以招聘虽然专业不是完全对口，但是有大学数、理、化等相关学科训练的其他专业毕业生。这些新员工入职后，在工厂的氛围中能得到全天候的专业在职训练,强度远大于在学校课堂和实验室里的学习,对工作很快可以上手。员工学校毕业后进入职场工作,从开始工作到退休之间大概有三四十年的在岗时间,开头晚个三五年的学校学习时间影响并不大。

产业需要人才的原因有要补充离职的人员,公司扩大规模,新公司成立需要等。整个产业需要的人才按资历从高阶、中阶到低阶,人数由少到多。其中资历低的人才多数可以从上述每年上百万的毕业生中甄选招聘;人数比较少的中高阶人才可以从同业或学校、研究所中合法聘请。从同业中聘请,是因为同业各阶人才已经有多年的积累,而公司组织结构上窄下宽,少部分中高阶人才离职,正好可以疏解公司里低中阶员工的升迁管道,减少可能的矛盾。从学校、研究所聘请,正好可以做到产、学、研交流,人才适当的往来对双方都有益。

对有经验的中高阶人才的所谓合法聘请,是指招聘时不可以有针对性的、以异乎寻常的条件诱惑特定员工离职来自己公司担当某项特定任务,以至于可能会损害原来公司的利益。这是相关的三方面——两家公司和目标员工——必须严肃考虑的。

我国有足够的人力资源,可以满足正在快速成长的集成电路产业人力需求,重点在对全体员工做好培训,以储备专业能力;转化"企业内政治"的恶性竞争成为公平、公正、公开的企业文化中能够激发员工潜力的良性竞争，引领企业和员工共同成长。

对当前集成电路产业发展的若干看法

关于投资集成电路产业的常见误解

社会大众普遍对投资集成电路产业有"投资大、回报慢、风险高"的看法，但我认为这是一种误解。兹说明如下：

- 投资大，回报慢？

改革开放后，中国大陆经济突飞猛进，体量快速变大，要发展的产业项目从成熟的劳动力密集的传统产业，向技术和制造工艺水平更高的高科技产业挺进，生产装备更精密、复杂、昂贵，建厂和生产爬坡时间更长，投资金额自然大。而这些产业的回报周期看似较长，但后期收益却更大，况且政府还在大众资本市场设立有特殊股票交易平台，如创业板等，这些平台的资质审核等流程更高效便捷，有需要的投资者能更早地交易，回收部分资金，缓解回报慢的问题。

- 风险高？

投资集成电路产业的资金，大部分用在采购昂贵的生产装备上，消耗于无形的支出占比很少。而且建厂达标后，厂房和装备可以持续使用几十年，极少汰旧换新，这是因为装备使用环境的温度、湿度、洁净度和维护条件都严格按照极高的生产标准执行，昂贵的装备除了偶尔因为严重操作失误而损坏，很少会损坏到无法维修使用的地步，因此可用于生产的时间段很长，分摊到每年的投资金额并不多。现在，全球还有很多已经使用了四五十年的6英寸，甚至更久的四五英寸工厂在生产，这些工厂在财务上的折旧摊提已经很少了。

另外，因为以下三方面的原因，集成电路的市场需求逐年增加，是多年常青、不断成长的产业。有比喻称集成电路是"产业的稻米"，其需求是不会消失的：

首先，新的应用场景不断涌现，其使用无处不在。如：加密货币挖掘机（使用最先进生产技术）、汽车电子、穿戴电子、医疗电子等，几乎只有想不到没有做不到，各种产品都可以集成电路化。

其次，使用的人群不断增加。受到发展中国家和地区，如"一带一路"沿线、非洲、中欧、东欧、中亚、西亚、南亚成长起来的新需求的影响，以及偶尔发生的世界大型社会事件（如疫情）影响，增加的各种不同需求等。

最后，通过过去半个世纪以来到现在的历史可以发现：集成电路产业即使偶尔因为全球经济衰退而产生短暂低迷，总体呈现单线成长趋势，相信未来还是会如此。

由以上的分析可见，投资集成电路产业"投资大、回报慢、风险高"的观念并不正确。事实上，相反地，投资集成电路产业的前景风险低、有保障，是可以长期投资的优良产业！

集成电路产业发展后劲十足

数据分析显示，目前中国大陆集成电路产出只能满足国内不到1/4的需求，每年还要"贡献"给世界市场2000多亿美元。巨大的进口逆差使社会终于普遍认识到：关键产业自力更生才是硬道理——要有牛奶喝，还真必须自己养牛！根据数据模型推算，大陆要实现产业自主可控，还需要在现在的基础上再增加8个中芯国际的规模——大约相当于1个台积电（或30多座8英寸工厂加上10多座12英寸工厂）！①

中国14亿的人口，和世界集成电路产业发达地区的总人口相当，专业工程师数量红利十分明显，发展集成电路产业发展的空间还很大。集成电路产业的发展需要大格局的资金投入和操作，除了依托政府牵头的"大基金"，还要吸引更多的民间资金参与投入。这个过程中，要正确认识并发挥我国与众不同的特色，走产业自主可控的发展道路，否则拾人牙慧，终难出头。追赶超越，才能能人所不能。

---

① 这是根据当时媒体上台积电的营业额和中芯国际的营业额的比较得来的，当然现在中芯国际大规模建厂和国内客户回归，或许其营业额已经有显著增长。不过，台积电也在世界各地建厂，增加也很快。

善用本土优势

中国大陆最明显的优势,就是拥有世界上其他国家和地区无可匹敌的巨大综合体量:人口(即人才和市场)、土地、财力、工商配套(水电供应及物流效率等),以及祖先多年积累、留下来的各方面宝贵经验。这些优势在改革开放后,曾经促成中国大陆在传统产业、光伏发电、LED照明等方面的快速发展,并使中国赢得"世界制造工厂"的称号。具体发展的特点可以概括为:快速涌入、遍地开花、摸着石头过河、价廉物美。

从市场经济来讲,"快速涌入、遍地开花"表示市场方向正确,更表示社会资源丰富和充满活力。"遍地开花"造就制造业从业人员的"生之者众",也形成了人才的"批量生产"和充分就业。同时这些人才"摸着石头过河",不盲目冒进,是细心地边做边学。如此才能降低成本,做到小规模生产者做不到的既"价廉"、又"物美"——有适当的品质,普惠广大消费群体,带动"大量生产"的动力、产业熟能生巧、"质变"产生创新,形成"量变—质变"的良性循环。很多过去我国没有自己生产过的传统产业、光伏和LED,能在很短时间内就能引领全球,就是这个道理。

从另一个角度看,"快速涌入、遍地开花"与科学研发"大胆假设(理论)、小心(实验)求证"的过程是一致的,是社会快速创新产业的过程。投资者经过研究，大胆假设要投资的项目，创立公司去求证。这些投资项目就像小心布置的科学实验，无论最后实验失败还是成功，都有其价值——失败的经验可以增加大家对投资项目的了解，以后少走弯路；成功的经验可以为产业添砖加瓦——都有助于未来的发展。因此，应该把这些成败结果视为建立新产业的必然过程。如此，集成电路产业才能在不断大量实践中得到检验，快速创新进步。

"价廉物美"中的"价廉"是建立在"物美"基础上的，而不是偷工减料来的。就是因为我们"价廉物美"，所以美国政府付出很大的代价还是无法把制造业搬离中国，台积电也抱怨其产品在美国的生产成本，要比在亚洲高25%。

事实上，集成电路产业20世纪70年代从欧美兴起，80年代在日本盛极一时，90年代亚洲"四小龙"崛起。回看历史，这些国家和地区有意无意之中走的也是"快速涌入、遍地开花"的套路，其时产业创新风起云涌，异常热闹！而且当市场竞争激烈的时候（如内存DRAM产品），产品也是白菜价！因为企业众多、竞争激烈，大家在产品、技术、商业模式各方面各出奇招以吸引客户，产业才能以摩尔定律那样惊人的速度进步。

因此，对于正在快速追赶的中国大陆集成电路产业而言，我们不应该把"快速涌入、遍地开花、价廉物美"视为贬义词，相反，在我国产业规模、技术、产品种类相对落后，且被霸权集团单边打压的情况下，这样的发展模式在我国依然十分合适。

"芯的世界工厂"要怎样炼成

中国大陆成为"世界制造工厂"的过程，可以总结为"质变—量变—质变"自我提升的良性循环。

在过去，中国大陆制造业在全国各地快速涌现、遍地开花，各个亟待补充的产业迅速扎根，一路摸着石头过河，砥砺前行，从无到有，从弱到强，从简陋车间到现代全自动化工厂，一步一个脚印，中国的制造业不断成长壮大，建立了全球最完整的工业类别！

现在，中国大陆的集成电路产业要快速、全面地追赶上来，需要像过去那样，全国各地热火朝天、全民投入，集成电路产业才能像传统产业、光伏发电、LED照明等产业一样，在二三十年的时间内成长壮大，使我国翻身成为"世界集成电路创造工厂"！

总结

集成电路已经深入人类生活的方方面面，是"产业的稻米",需求只增不减。

中国大陆作为"世界制造工厂",在全球集成电路产业所占份额却与巨大的体量尚不相符,仍需长期快速发展,才能匹配。

在单边主义、霸权当道的国际形势下,中国大陆集成电路产业的发展立场要更为坚定。

中国大陆集成电路产业要做到自主可控,估计至少还需要增加8个相当于中芯国际的规模,或大约30多座8英寸工厂和10多座先进的12英寸工厂。

要做到这个规模,在资金方面,要加快对投资集成电路产业的回报,降低投资风险,以鼓励社会广大民营企业和民间投资者积极投入。

在执行方面,要正面认识,更要发挥"快速涌入、遍地开花、价廉物美"产业模式对大格局、快速发展产业的积极意义。

中国大陆唯有奋起直追,并且简化、高效地执行各环节和所有细节,降低成本,以价廉物美战略破之!

| 第六章

最后的回顾

自第二次世界大战后，半导体器件取代电子整机内的真空管，半导体器件由单独的分立器件，发展到如今聚集数以几十亿计的器件在一起的最先进的集成电路。几万种大大小小、形形色色应用功能的单独的分立器件和集成电路，大大延伸了人类智力和体力劳动的能力，不断创造、优化各种生产装备，提高了人类食、衣、住、行、育、乐等物质文明和精神文明水平，也发展了人类自卫和攻击的武器。其重要性是全面且巨大的：不论是建设性的，还是破坏性的，集成电路都发挥了极大的作用。因此，要成为一个不受外界干扰、平静成长、独立自主的经济和军事强国，拥有自主可控、不受制于人的集成电路产业，是必须的。

第六章 最后的回顾

世界集成电路产业的发展简史及现况

美国独领风骚的产业初期

人类文明始于使用绝缘体材料石头和陶的石器时代，进步到使用金属导体材料铜/铁器时代，最后在20世纪60年代开始进入如今使用半导体材料的"硅器"时代。有趣的是，硅又是石器时代石头的基本元素！

这个"硅器"时代始于美国的约翰·巴顿、沃特·布拉顿和威廉·肖克利三人发明点接触式晶体管。这以后，美国科学家得风气之先，以不断提高硅晶圆片上的电子元器件的种类、性能、数目（数目多了就成了集成电路）为号召，呼朋唤友，在最早嗅得商机的风险投资者（venture capitalist）资金的支持下，遍地开花，在各地成立公司，为这些半导体元器件的短、小、轻、薄的特色添砖加瓦，使很多原本只有政府机关或大公司才有足够资源、能提高生产力的电脑主机，从庞大、昂贵、要专家才能操作的样式，变得小巧、轻薄、价廉物美，成为越来越多个人也有能力拥有和使用的个人电脑，而个人电脑的能力并不亚于当初庞大的电脑主机。这大大地提升了人类的生产力！电脑变成世界上很多人必须拥有的"标配"。大量的需求，使得美国产生了无数围绕个人电脑成立的公司，比如组装电脑用的半导体零组件的生产公司（如英特尔、德州仪器、摩托罗拉、AMD、美国国家半导体）、电脑的组装公司（如IBM、戴尔、苹果）、生产这些零组件的装备公司[如应用材料公司（Applied Materials）、泛林集团（Lam Research）]、建立电脑使用机制的软件公司（如微软、苹果），以及许多大大小小的类似公司。这些上下游公司从事的业务都直接或间接和"硅"这一元素有关，又都集中在加州中部旧金山以南和圣何塞市之间，交流非常方便，附近又有斯坦福大学、加州大学伯克利分校等著名学府，还有很多社区大学可以提供创业者和各级专业员工，因此整个产业运转起来效率很高，成长很快。1971年，一名叫唐·道夫纳（Don Doefner）的记者在报道英特尔上市的消息时，创造了"硅谷"这一名称，很好地描述了这一"硅器"时代开始的地方，因此被沿用至今，广为人知。这种相关企业集中一处的模式因为太过成功，后来世界各地竞相效仿，在全世界产生了很多成功的工业园区，如中国台湾的新竹科学园区，以及上海的张江高科技园区。

这个过程中，集成电路发源地美国和西欧的近10家内存DRAM供应商，在20世纪90年代末期，因为产品质量不及日本甚多，被取代到只剩下最年轻的美光。而日本盛极一时的

DRAM则在21世纪初，因为上述为了确保产品品质所采取的经营方式，造成成本远高于韩国和中国台湾而全部被取代。这当中，中国大陆和台湾的相关企业都曾经努力过，但它们都是单独奋斗，不像韩国大商社有集团上下游相关企业支持，还有总公司及政府财务托底。国内企业规模都太小，无法积累足够的财力进行成本高昂的最先进技术开发，因此即使生存下来，目前也都被边缘化了。

美国作为内存发明地，DRAM的品质之所以做不过日本，坊间有一种传闻，对集成电路产业的经营者而言也许很有参考价值：美国公司重视产品性能，电路设计和布图规则都定得很紧，这样在相同晶圆上生产出来的芯片数目比较多，而且性能比较先进，总收入和售价都比较高；但是生产时，个别参数容易落在超标边缘或"稍微"超标。几个这样的情形集合起来，就产生了比较多的边缘产品；而日本公司重视生产，上述准则都放得比较宽松，这样产出是少一点，性能也差一点（仍然在客户要求的规格以内），但好处是生产起来容易，边缘产品比较少。再加上日本公司出货前筛选测试比较严格，而且淘汰的产品都彻底毁掉，避免外流，因此边缘产品少很多；美国供应商则让边缘产品尽量通过。这样，产品到客户（尤其是组装高档终端产品的客户）那里做比较严格的入库品质保证测试时，美国产品被筛选出不合格的比例就高多了！这种事情一旦次数多了，业界口耳相传，美国公司的生意就做不下去，把市场拱手让给了日本公司。日本公司不但获得了"日本产品品质好"的美誉，还一度获得DRAM产品全球80%以上的市占率，造成很多美国DRAM供应商停产——如英特尔、摩托罗拉、美国德州仪器，或倒闭——如Mostek。

这让拥有世界半导体产业霸权的美国情何以堪，乃使出"影响国家安全"的昏招，就像对付中兴通讯和华为一样，要日本供应商限价、限量，并提供商业机密让他跟踪监督是否违反约定，甚至找借口检查技术资料是否有猫腻，完全不顾商业道德。

另一方面，日本产品这样宽松的设计和严格的筛选淘汰，成本自然高多了，这对售价高、品质要求严格的高档下游整机产品如个人电脑，是应该的，但是对售价低、品质要求不那么严格的低档下游产品如儿童玩具、语音产品，很多被淘汰的DRAM事实上还是可以用的，只要销售时标示清楚，甄别价格、不欺客，让客户自行选择采用，这样公司运营收入就可以增加。日本产品的高成本，在DRAM市场景气变差时，让日本公司的亏损逐渐严重起来，最后全部被淘汰出局。

就这样，曾经强大的日本DRAM产业在美国霸权和韩国成本的夹击下，终于全军覆没，销声匿迹，市面上从此再也不见日本DRAM的踪影！

第六章　最后的回顾

美国集成电路制造业的衰退史

20世纪70年代英特尔推出组装的微处理器后，IBM、惠普、戴尔等公司也陆续成立公司组装并销售个人电脑，这促进了对集成电路的需求，也促进了集成电路产业快速成长。集成电路更在英特尔联合创始人摩尔总结的摩尔定律的牵引下，不断推出性能更强、成本更低的关键零配件——微处理器和内存，组装出性能更强的新电脑以吸引新客户、留住老客户。英特尔又和提供操作软件的微软公司形成微软—英特尔的软硬件联盟，建立标准电脑架构，垄断市场。

然而这时候，有一位名叫乔布斯的先生认为微软—英特尔架构不够好，乃另起炉灶，推出苹果电脑，历经多次财务、管理、技术等问题并一一解决，成功推出麦金塔计算机（Macintoch），获得一批电脑专家的青睐，在世界电脑市场上占了虽然不大、但特殊的一席之地。从此，电脑世界出现了"普罗大众"版电脑和"专家精英"版电脑的长期良性竞争，大大促进了个人电脑的销售量，也促进了组装电脑的关键零组件——微处理器和内存——的需求，使得这两个元器件的供应大户英特尔应付不过来，只得困难地决定放弃一个。最后，英特尔因为上述品质的原因不敌日本公司，决定放弃DRAM。虽然在公司里，我们"内存部门"（memory department）对这个决定早有觉察，但是公司还是拖了很久才宣布——毕竟DRAM这个产品也是英特尔发明的，放弃它就像是遗弃自己的亲生孩子一样，纠结得很难决定。宣布那天，整个部门特别是DRAM组一片愁云惨雾，大家在走廊上碰到时只能相顾无言、摇头叹息！

自从个人电脑在美国发源乃至于在全世界大量普及使用，又得风气之先的美国发现：如果把这么多拥有极大生产力的个人电脑串联起来，将产生很多意想不到的应用，其生产力将会将会大到难以想象！这样，互联网时代也像"硅器"时代一样，又从美国开始了。很多相关企业在美国产生，如谷歌、甲骨文等，其市值不断膨胀，也吸引了大批高科技从业人员。

总结来说，自从地球上最丰富的固态半导体元素——硅——被发现并被做成集成电路以后，其短小轻薄的特性，使得人手一台个人电脑或手机变成可能，大大提高了人"动手""动脑"和"交流"的能力。这都建立在硅的基础上。

因为上述美、日DRAM产业的萎缩，加上台积电代工生产的经营方式方便许多无工厂设计公司成立，像英伟达（NVIDIA）、博通（Broadcom）、高通（Qualcomm）等，这些公司瓜分了原来应该属于IDM产品公司的市场份额，使很多被生产工厂占据巨大资产份额的美国IDM产品公司不是断尾求生、剥离生产工厂成为无工厂设计公司再出发（如AMD），就是干脆急流勇退，退出市场另寻出路，如美国国家半导体、IBM、摩托罗拉等。渐渐地，这些无工厂设计公司自己不再管生产，把这费事的工作交给把他们奉为"上帝"（客户是上帝）的亚洲前段的晶圆生产代工厂，以及后段测试封装代工厂，自己则专心致志做美国人擅长的产品设计。如此一来，整个集成电路产业链在全球贸易自由、效益最佳化的诉求下，依照地方属性，产业重心自动大致分布如下：产品设计和软件在美国，生产在韩国、新加坡和中国台湾，配套的装备、材料在日本，整机组装及市场在中国。从21世纪一开始，美国在集成电路产业链中的制造环节占据的重要性就一路走下坡，不再是"世界第一"，但是产品设计及软件却独占鳌头！

完整的集成电路产业链是现在一个独立自主的强国所必需的，任何环节缺一不可。我国固然还有一些欠缺，特别是产品设计和软件、配套的装备和材料、高端技术和生产，但我国是整机组装的"世界工厂"，每年进口大量的集成电路，是世界第一大集成电路进口国，因此美国对我国的阻碍固然发生一定的效果，但是也造成美国很多集成电路供应商的产品严重滞销！

因为美国的阻碍，我国也决心放弃借世界自由贸易的理念发展集成电路产业的想法，全心全力追求自力更生。我们除了要赶快弥补因为历史原因落后的硅基集成电路产业，也不能放掉其他前沿，如第三代半导体，量子、光子集成电路，石墨烯芯片等，以求未来全面赶超。

中国集成电路产业的发展简史及现况

我国涉足半导体集成电路产业，可以说是"起了个大早，赶了个晚集"。

在1947年3位前辈发明点接触晶体管后5年，1952年，贝尔实验室对外授权晶体管技术。揭开半导体产业序幕后2年，1954年，贝尔实验室首先设计了"硅"晶体管（以前用"锗"）。

在1952年半导体产业揭开序幕后3年，1955年，北京大学首次在本科生阶段开设固体物理课。我国对集成电路前身的半导体研究，开始于1956年公布的第一个中长期科技规划《1956—1967年科学技术发展远景规划》，其中提出将发展半导体技术作为"四项紧急措施"之一。同年，北京大学、复旦大学、厦门大学、东北人民大学（吉林大学前身）和南京大学联合在北大物理系创办了中国第一个半导体专业，即"五校联合半导体物理专业化"。1957年，北京电子管厂制造出我国第一批半导体产品——锗晶体和二极管。1960年，中国成立了两个半导体研发机构——中国科学院半导体所和第四机械工业部的第十三研究所。可见，我国半导体产业的开头并不晚。

但是，从1960年到1980年的20年中，我国在半导体界很安静，而美国则却很热闹——仙童半导体成立，开发出CMOS工艺和第一个模拟集成电路；摩尔定律发表，英特尔成立并成功量产第一款商用芯片；AMD成立；英特尔4004微处理器诞生，英特尔上市；"硅谷"的名称正式出现；苹果展示第一台个人电脑；英特尔正式定义X86处理器；美光成立。这20年中，美国集成电路产业内创立了很多龙头企业，训练了很多人才，创造了产业的温床，为创业者规划了筹备资金的管道，开发了技术，引进了市场，还指出了集成电路产业在之后50多年里在技术上一直遵循的摩尔定律，使高科技产业之名当之无愧！

我国则掉队20年，直到1980年建设第一座规模化生产的晶圆厂——四机部无锡的国营江南无线电器材厂（742厂），才"赶了个晚集"重新归队。可惜我们已经失掉了与同行同步精进的机会，落后了一大截，要赶上，唯有寄希望于"弯道超车"，走与同行同步甚至领先的第三代半导体，或量子、光子集成电路、碳基半导体等新生事物的研发道路。但是在这些新生事物大量生产、商业化前，在眼前的国际环境中，我们还是不能忘记熟悉的硅基集成电路。我们必须自己学习成长，早日自力更生、自给自足。而且也不能只考虑生产环节，必须全盘考虑整个产业链的所有环节——包括产品设计、软件、各种装备、测量工具、材料等。这些环节因为规格的特殊性，必须得自己掌握，以免再受霸权挟制而"断粮"！

我有幸参与了集成电路产业从产业萌芽期（直接材料硅晶圆小于4英寸）过渡到成长期的大部分（6英寸、8英寸）过程，就技术层面讲，贯穿从2微米到0.13微米9个世代，更看到了产业制造中心怎样从美国转到日本，再转到韩国、新加坡和中国台湾，最后转到中国大陆。在中国集成电路产业即将崛起之际，美国作为产业的原创者想方设法要遏制这一必然大势。这或许将导致世界根据集成电路的上下游环节被迫分成三个阵营：生产和应用集成电路的美国团队和中国团队，以及不生产、只使用集成电路制成品的第三团队。应对美国团队的霸权主义并与其竞争第三团队巨大的市场，是中国的集成电路产业必须自主可控、自给自足的道理！

另外，中国台湾半导体相关产业则开始于20世纪60年代荷兰飞利浦（Philips）在高雄和美国飞歌（Philco）在桃园成立的分立器件封装工厂，以及台南纺织在台南成立的生产分立器件的统懋半导体公司。在教学方面，开始于1967年台湾交通大学在新竹成立施敏博士主持的电子研究所，施敏博士和很多台湾地区的专家学者，为当地培养了以后半导体产业需要的大部分师资和人才。1974年，台湾当局在这些专家学者的建议下决定发展集成电路产业，于是在台湾工业技术研究院内成立电子工业研究所（电子所），广聘人才、组织团队，于1976年到美国与美国无线电公司（RCA）接受技术移转，生产当时市场热销的商业产品电子表。以铝金属栅MOS（Aluminum metal-gate MOS）工艺流程为基础，团队全方位学习集成电路产业的所有环节，包括产品应用、电路设计、掩膜版设计制造、生产设备、工艺、管理制度、品质保证、封装、测试等。这群学员后来成为台湾集成电路产业不同领域的领军人物，带动了台湾集成电路产业多家企业包括联发科、台湾光罩、联华电子、华邦电子等的发展。台湾地区的另外一股产业力量来自留学生，如留学生创办的台积电、旺宏、茂矽，还有本地企业创立的力晶科技、南亚科技等。

电子所从RCA引进电子表产品和生产工艺之后，开始在其6英寸示范工厂生产电子表，同时开发当时也很红的音乐芯片，结果"小兵立大功"（当时媒体赞美之语），两种产品的市场销售都很成功！由于当时示范工厂产能不足，于是又成立联华电子，由杜俊元博士（我在台大的集成电路启蒙老师）当董事长，但是不久，他就辞职自己成立华泰公司从事陶瓷封装，他的职位就由当时从美国回来、任工业技术研究院院长的张忠谋博士接任。

与此同时，有四批在美国的留学生分别创立了做内存的公司，并打算在中国台湾设厂，分别是做DRAM的国善和华智、做SRAM的茂矽和做NVROM的旺宏。他们都以各种方式和美国、日本、韩国以及中国台湾的公司合作，验证了产品并少量销售，也募集了部分资金，并都想得到台湾当局的贷款以建立工厂实现量产、扩大市场。这时，有人建议何不建一大工厂，以公共厨房的概念为所有有需要的公司服务？工厂自己不销售器件成品，只从事前段生产服务，等这些公司的产能需求足够满足一座有经济规模的工厂后，再各自筹资建厂，满足自己的需要。

这就是世界集成电路产业纯晶圆代工模式的由来！

这个模式让产品设计公司不必再经常受制于委托代工生产的IDM公司的产能和服务，使纯产品设计公司遍地开花、蓬勃发展，产品的种类和供应量快速成长，大大增加了后来信息产业、人工智能产业发展的自由度。因此往大了讲，专业晶圆代工模式的落实和发展，可以说是中国台湾对世界文明进步的一大贡献。

中国台湾集成电路产业发展的三股力量，即本地培养的人才、外出学习并回归的留学生，以及从"我们不懂、不敢投资"到现在疯狂追求高科技股的社会资金，交互融合，在政策的引导下，利用有限的资源，在小小的岛上找到了一条可以发展的道路——集成电路产业！产业从当初生产电子表最低档的铝金属栅MOS工艺流程开始，如今已经引领全球。在成长的过程中，业内人士发现这个产业因为产品应用种类繁多——估计大概有3万多种。为了使不同产品性价比最佳，一个产品的元器件可以由一个、数个到上百亿个，生产工艺可以由十几个到数千个步骤，工艺水平可以由几微米到几纳米，生产工厂成本可以由10亿元左右到数千亿元。这巨大的差距，使得所有公司都能找到最适合自己的生存空间！

半个多世纪以来，台湾地区的这些公司经历了产业多次起伏，虽然有些公司没有撑过风浪，但是生产线、人才、技术被并入其他公司，等到春日花开，又能异地重生。大家在合并后的公司里一起合作努力，终能助推台湾地区集成电路产业屡次攀登高峰。在全球集成电路产业里，台湾地区的企业在纯晶圆代工（如台积电、联电）、纯产品设计（如联发科）、封装（如日月光）等领域都有一席之地。这一产业的繁荣也带动了一些周边配套产业及上下游产业的发展。

集成电路产业为什么重要

首先，集成电路产业直接关系到保护国家安全的国防工业。如卫星定位、精准打击和无人飞机等设备的核心器件，都涉及集成电路的应用。

其次，集成电路产业与涉及国计民生的民生产业有关。我国是制造各种以集成电路为关键零组件的产品的"世界制造工厂"，这些产品的制造为国内提供大量就业机会，外销这些产品到全球，在我国赚取外汇、提升国力的同时，也提高了全人类生活水平，促使中国和全世界形成互相依赖的命运共同体。美国霸权无所不用其极地阻碍中国集成电路产业发展，其重要性可见一斑。

最后，在未来创造和完善机器人（人工智能）的过程中，集成电路的应用是关键。

集成电路是"人"和生成式预训练转换器（generative pre-trained transformer，GPT）的媒介：GPT的"智"与"能"是人"教"的。是人模拟"人的所有生理和心理功能"，通过集成电路设计（"教导"）到组成GPT的系统里，做成终端产品（如机器人），使之具备"人"的五官感知（sensor）、智能思考（processor）、信号传感（driver）、反应动力（power IC）的功能。我们制作的目标在于使"机器人"对信号的感知和传递更敏感、正确，思考判断更快速、周全，反应的传递和动作更敏捷、恰当（如图6-1）。目前形形色色的集成电路，可以说是单独或数个人体生理和心理功能不同程度的模拟。

人是给机器人的GPT系统传道、授业、解惑（维修）的老师，也是给机器人课题、挑战、要求、指令的上级。机器人是要被打分数的，它可以学习不同的专业，也可以攻读不同"学位"，其能力很大一部分取决于作为关键零组件的集成电路。

第六章 最后的回顾

从另外一个角度看人和GPT的关系，可以是合作完成大家熟知的科学研究的过程——"处处发生疑问，竭力探求答案"。未来，人类的教育可能重在前者——要知道怎样"处处发生疑问，提出课题"，由"越来越能干"的具备GPT的机器人更快速、大量地"竭力收集、分析、探求答案"，最后回答人类提出的"疑问"，或满足人类提出的"要求"。

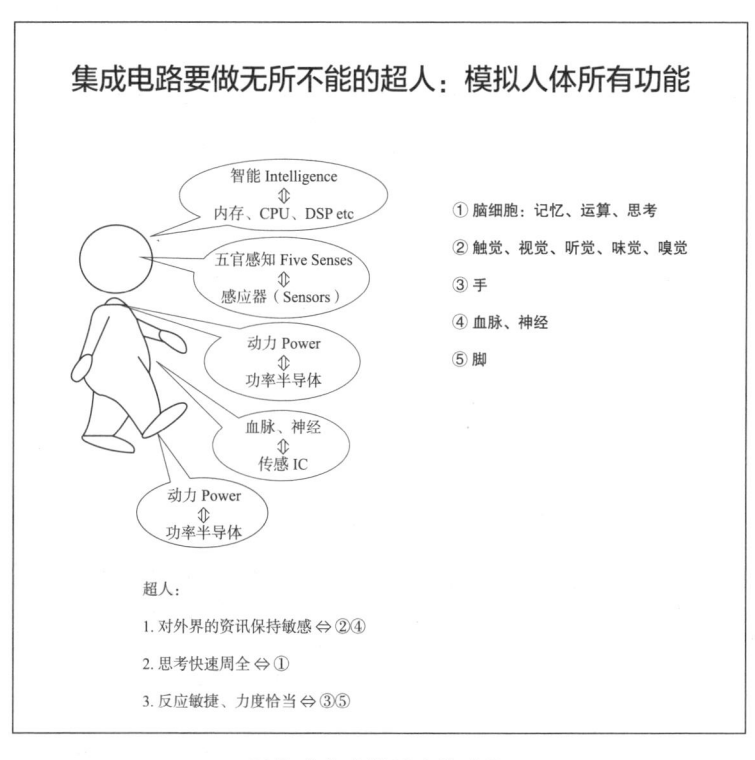

集成电路要做无所不能的超人：模拟人体所有功能

- 智能 Intelligence ⇔ 内存、CPU、DSP etc
- 五官感知 Five Senses ⇔ 感应器（Sensors）
- 动力 Power ⇔ 功率半导体
- 血脉、神经 ⇔ 传感 IC
- 动力 Power ⇔ 功率半导体

① 脑细胞：记忆、运算、思考
② 触觉、视觉、听觉、味觉、嗅觉
③ 手
④ 血脉、神经
⑤ 脚

超人：
1. 对外界的资讯保持敏感 ⇔ ②④
2. 思考快速周全 ⇔ ①
3. 反应敏捷、力度恰当 ⇔ ③⑤

用集成电路模拟人体功能

等到人类制造的机器人从收集、分析、总结课题,进步到能够自己思考问题,有七情六欲的那一天,机器人就"变成人"了,而且是"超人"!这一来,人类岂不是变成创造"人类"及万物的"上帝"了?

集成电路的产业链及其配套

集成电路产品从整机厂商提出应用的性能要求开始,先用设计软件设计出电子电路制成掩膜版,再到前段制造利用专用的材料和装备制造成集成电路晶圆片,接着这些晶圆片经过测试,检验出合乎产品性能要求的集成块,封装后再次从封装好的集成电路产品中挑选出合乎性能规格的成品,最后交给整机厂商组装成各种整机,销售给客户(如图6-2)。

集成电路的产业链及其配套

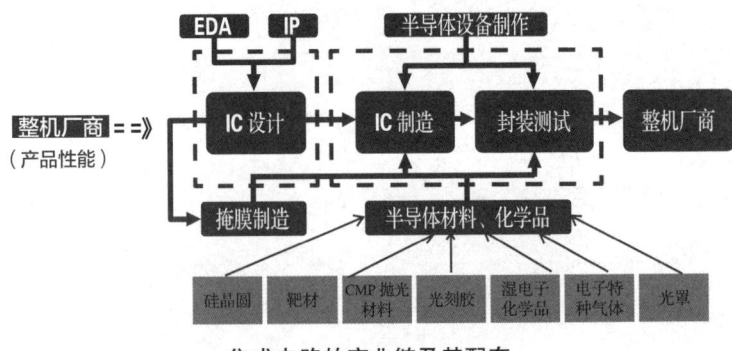

第六章 最后的回顾

集成电路是怎样制造出来的

以0.25微米（1层多晶硅/3层金属）MOS工艺为例，原材料为硅晶圆，要经过表6-1中的工序：

表6-1 传统芯片的制造工序

Process Module (工艺模组)	Process Steps (工艺步骤)		Step
	Wet (湿法工艺)	Preclean (预清洗)	10
Diffusion (扩散)	Oxidation (氧化)	PAD/SAC Ox (垫/牺牲层氧化)	3
		Field Ox (场区氧化)	1
		Gate Ox (栅极氧化)	1
		SIN (氮化硅)	1
		Poly (多晶硅)	1
	Ion Implant (离子植入)	BF2 (二氟化硼)	2
		P (磷)	2
		B (硼)	1
		As (砷)	2
	Thermal (高温工艺)	Drive-in (推进)	3
		Alloy (合金)	1
		Flow (回流)	1
		Anneal (退火)	1
Photo (光刻)	Photo Develop (光刻显影)	PR Coat (光阻涂布)	15
		Exposure (曝光)	15
		Develop (显影)	15
	Measurement	ADI CD/ADI (显影后CD量测)	15
Etch (刻蚀)	Film Etch (膜的刻蚀)	SiO2 (二氧化硅)	4
		SIN (氮化硅)	2
		Poly (多晶硅)	1
		Metal (金属)	3
		Passivation (钝化层)	1
		Solvent Clean (有机物清洗)	7
	Measurement	AEI CD/AEI (刻蚀后CD量测)	9
Thin Film (薄膜)	CVD (化学气相沉积)	PSG/NSG (磷玻璃/氮氧化层)	4
		SIN (氮化硅)	1
		BPSG (硼磷硅玻璃)	1
		SOG/Planarization	2
		W-CVD/W-EB	3
	PVD (物理气相沉积)	Ti/TiN (钛/氮化钛)	4
		Al-Cu/Al-Si-Cu (铝铜/铝硅铜)	3
		Back Side Process (背面工艺)	1
WAT/CP (晶片测试)	Function Check (功能检测)		
OQA (出货检测)	Visual Inspection (目视检测)		

集成电路制造有多复杂

因产品种类、工艺不同,集成电路制造的复杂程度有不同程度的差别。以上述0.25微米MOS制造工艺为例,其复杂程度可以总结如下:

1. 562道工序(其中有23道是光刻工序);
2. 制造时间23~40个工作日;
3. 23种生产机台(包括光刻机);
4. 15种测量机台;
5. 23片掩膜版(光刻用);
6. 3种大宗气体,23种特殊气体(气态材料);
7. 26种化学品(液态材料);
8. 20种靶材(固态材料)。

上述6、7、8的三种材料的数量是多种不同制造工艺中使用数量的组合。

为什么大国那么重视集成电路产业

在世界人类制造的那么多种产品中,制造过程中牵涉的材料、设备种类及精密度、涉及的专业种类和专业深度、生产工序来回的次数、规格要求的严谨程度、一次生产出来的产品数量、产品深入人类生活的广度等方面,集成电路产品应该是无出其右的。

一个国家集成电路产业发达的程度,不但彰显整个国家的科技水平,更是国家能在安全、富足的环境中追求进步的保障。时局的演变,已经使世界上所有大国都必须做到不假外求地拥有完整的集成电路产业。

"加强资源回收"的想法作为总结

在我写第一章"人生的第一个'职业'"一节的过程中,我越发觉得我这"资源回收"的"人生的第一个'职业'"很有商业意义,值得进一步深入探讨。

我认为,人类每天熙熙攘攘忙碌,无非把自然界的各种资源经过采矿、提炼或合成的方法开发出来,加上诸如冶炼、锻造、加工、制造等冗长复杂的改造过程,成为各种导体、半导体、绝缘体的零组件,再整合成终端成品,来满足生活上食、衣、住、行、育、乐的需要。这开发和改造的过程,形成了农业、工业、服务业三大创造价值的产业。终端产品经过人类使用后,会因为部分零组件损坏或产品老旧过时、耗损变化等原因,不再具备原来产品的性能,成为"废弃物"!这些"废弃物"常常并不是所有组件都不能用,有些组件虽然耗损变化，但是经过修复、替换，原来的整机可以回收再用，或是这些组件可以用来生产不同等级的其他终端产品，不必再从原材料开始，经过耗能、耗时的生产过程来做成一件新的终端产品。当然，这回收过程的各项成本合起来，必须比新做的低很多，回收才有商业意义。而这种降低回收成本的挑战，正是专业人员创新难得的课题！

在各种媒体上，我们有时可以看见一些落后国家或地区的穷人，在垃圾场里的废弃物中用简单原始的工具回收有用的"废弃物"讨生活。这显然告诉我们：人类生活产生的"废弃物"中是还有有用的资源可以回收再用的。媒体只展示不堪的场景，令人厌恶，其实这过程和在大地中寻找矿源、开采矿产并无二致，有志者应该将这种寻找过程改以一种更科学先进、更文明、更高效益的方式进行。下面是一种可能的方式：

1. 我们可以找一个广大偏僻的荒凉之地或孤悬的离岛，建立一处大规模、产业化的"地球资源循环使用科学园区"，为全世界处理所有"废弃物"。

2. 园区内建立"废弃物收集分类工厂"为中心，在这里，从各地收集来的"废弃物"经过科学专业的手段，先消毒至无害于环境和工作人员。

3. 将消毒后的"废弃物"转移到"资源回收工厂"，按照不同"废弃物"合适的科学专业回收处理手段，分别置备各种自动化回收设备，回收各种不同用途的"废弃物"。包括金属、塑料、陶瓷器、玻璃、电子零配件、纸张、纺织物、有机物等，都能分门别类，作为"回收物"被收集起来。

4. 将各种不同种类的"回收物"转移到"回收物资源处理工厂"做各自适当的处理：或回收修理、再做适当的利用，或提炼恢复成原材料，或挤压成块做掩埋用。总之，尽量回收再利用，以减少地球资源的浪费。

现代化的资源回收工作绝对不是粗鄙的行业，是要以文明、科学、产业化的方式，兼顾整个园区的环保和美化作业，很好地把人类已经用过、不再需要而舍弃的终端成品，回收再循环使用，以减少自然资源的消耗。整个经营牵涉物理、化学、材料、生物等科学领域，以及经营管理、电脑应用等专业，是高科技的一环！我国有领先全球处理"最高级的废弃物"——核废料——的技术，世界很多国家出高价想要转移我国核废料处理技术而不可得。可见，处理"废弃物"是高科技——只是"废弃物"没有得到妥善处理，以至于外表不讨喜而已。

小时候回收废弃物成为我一生中第一个获得报酬的"职业"，服兵役时经历了第一次参与产业资产重估，加上就业后处理企业"长期占库房空间、已经不能生财的无用资产"（形同废弃物）回收运营资金的经验，我觉得资源回收再利用是一个非常有意义的工作。

整个产品的生命周期可以分成四个阶段：（1）取得制造产品的材料（导体、半导体、绝缘体），（2）产品设计、制造，（3）产品使用，（4）产品退出使用。大部分的从业者注重的是前两个阶段，消费者注重第三阶段，而极少有人注重第四阶段，即退出使用后的处理，我也不例外。但是经过四十几年的教育经历和职业历练，我看到了前三个阶段受到的关注和科技进步，觉得第四阶段——退出应用后的处理，若能同样得到关注和用心，应该会有很大的发展空间和回报，包括长久的资源供应和人类更美好的生活环境。

因此，回顾人类文明由石器（绝缘体）时代到金属器（导体）时代，再到如今"硅器"（半导体）时代，世界上除了很多大量使用半导体器件的各种主机，更产生了很多大量使用半导体器件的电子产品，这些产品都需要配套使用大量的绝缘体、导体和半导体材料。我一生的第一个有偿"职业"是回收废弃物，后来我提炼、制造材料（在合晶公司用多晶硅加工制造晶圆片），制造集成电路，都是和各种材料及其制成品打交道，深知这些材料和制成品都来之不易。如今，这些来之不易的终端产品因为不再有用而成为"废弃物"，让我深深觉得可惜，因而产生了必须大比例回收再循环使用的预测。

我的回忆录就以资源回收的想法作为总结。

| 附录

凡走过必留下痕迹

在我过去的生活中，偶然留下了一些点点滴滴，分门别类整理后，集中放在最后让大家轻松一下，说不定会触动自己一些有趣的回忆！

附录：凡走过必留下痕迹

一、我的成长——不同时期的大头照

初中 　　　　　　　高中

大学毕业 　　　　　服兵役时

就职时 　　　　　　退休后

二、中学时代生活点滴

学校运动会时引领大会操

足球比赛负责守门  　　　　和同学一起打排球

附录：凡走过必留下痕迹

同乐会上高歌一曲，激发大家热烈参与

大家一起骑自行车出游

到同学郑文魁（右二）位于中国台湾香蕉王国高雄旗山的家玩，品尝他家销往日本、现采现吃、香甜无比的香蕉

附录：凡走过必留下痕迹

三、家庭生活点滴

1976年时嶔崎在斯坦福的Bing Nursery幼儿园师生合照（左五）

和育南及孙女晨曦、孙子尚恩一同出游

留守家庭——1974年我留学时，育南和孩子留守台南时的合照

嵚崎从加州大学伯克利分校毕业

附录：凡走过必留下痕迹

一家四口出游合照

嵚崎在波士顿结婚时的合影

和长子崇霖一家聚餐

四、工作中的相关照片

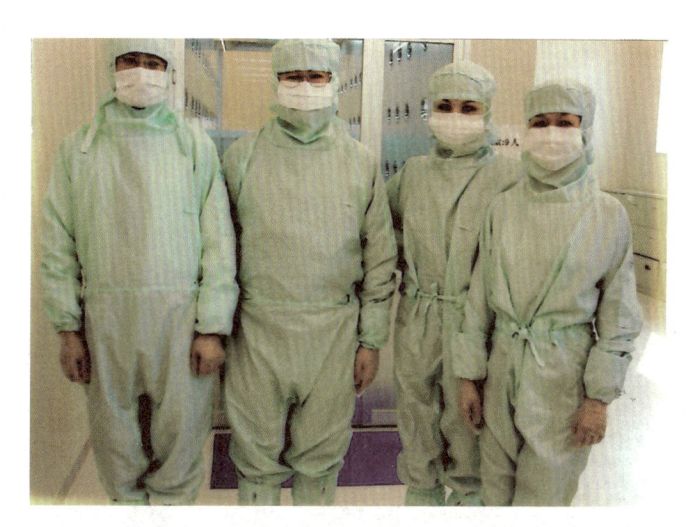

在茂矽工厂里和工程师及菲律宾技术员合影

宁波中纬积体电路有限公司开工典礼

五、退休后小记

到北京拜访朱贻玮先生时和几位同行前辈合影,左起:陈弘毅、蒋志、我、朱贻玮、贾松良

附录：凡走过必留下痕迹

当初和朱贻玮先生在台湾最靠近大陆的新竹南寮渔港向西遥望大陆，26年后在大陆最靠近台湾的平潭回望台湾

六、旅游杂记

与福建泉州芯谷南安分园区蔡映辉主任合影，背景岛屿就是金门岛

和创芯同事同游广西漓江

附录：凡走过必留下痕迹

与创芯同事胡坚同游湖南岳阳楼

游湖南长沙湘江江心橘子洲